高等职业教育工程管理类专业"十四五"数字化新形态教材

企业定额编制原理与实务

袁建新　袁　媛　李大平　编著
侯　兰　主审

中国建筑工业出版社

图书在版编目(CIP)数据

企业定额编制原理与实务 / 袁建新,袁媛,李大平
编著. — 北京：中国建筑工业出版社,2022.4(2023.12 重印)
高等职业教育工程管理类专业"十四五"数字化新形
态教材
ISBN 978-7-112-27349-2

Ⅰ. ①企… Ⅱ. ①袁… ②袁… ③李… Ⅲ. ①建筑企
业－劳动定额－编制－高等职业教育－教材 Ⅳ.
①F407.963

中国版本图书馆 CIP 数据核字(2022)第 068754 号

《住房和城乡建设部办公厅关于印发工程造价改革工作方案的通知》(建办标
〔2020〕38 号)文件指出,"取消最高投标限价按定额计价的规定,逐步停止发布
预算定额"。这一决定表明,将来施工企业和工程造价咨询企业,是企业定额编制
与应用的主角。因此,高职工程造价专业学生参加工作以后,编制和应用企业定
额进行投标报价和成本管理工作是必备的重要技能。

通过掌握技术测定法,熟练掌握编制企业定额、人工定额、材料消耗定额和
机械台班定额的知识与方法,训练学生企业定额编制技能是本教材的核心内容。

本教材是高等职业教育工程造价专业与工程管理主要教学用书,也可作为从
事企业定额编制与成本管理工作岗位、工程造价专业技术人员学习、参考用书。

为更好地支持相应课程的教学,我们向采用本书作为教材的教师提供教学课
件,有需要者可与出版社联系,邮箱：jckj@cabp.com.cn,电话：(010)58337285,
建工书院 http://edu.cabplink.com。

责任编辑：吴越恺　张　晶
责任校对：刘梦然

高等职业教育工程管理类专业"十四五"数字化新形态教材
企业定额编制原理与实务
袁建新　袁　媛　李大平　编著
侯　兰　主审
＊
中国建筑工业出版社出版、发行(北京海淀三里河路 9 号)
各地新华书店、建筑书店经销
北京红光制版公司制版
北京圣夫亚美印刷有限公司印刷
＊
开本：787 毫米×1092 毫米　1/16　印张：9¼　字数：225 千字
2022 年 6 月第一版　2023 年 12 月第二次印刷
定价：**29.00** 元(赠教师课件)
ISBN 978-7-112-27349-2
(39532)

序

　　什么是企业定额？企业定额有何作用？为什么要学企业定额编制原理和实务课程？如何学好这门课程？

　　如果你一开始能提出上面这些问题，就是一个良好的开端，通过努力一定能学好用好这门课程的内容，一定能掌握好这门课程对应的基本技能。

《企业定额编制原理与实务》课程有什么作用？

　　企业定额是施工企业科学管理的重要工具。我们知道，只有不断提高劳动生产率，企业才能不断获取更大的经济效益。因此，扩大再生产是企业发展的根本途径，而企业定额是助力企业提高生产率的必由之路！

　　企业定额"平均先进水平"的特性，决定了生产力三要素的消耗量，比预算定额的消耗量更少，进而使企业在社会化大生产的市场竞争中处于有利地位；企业定额不断发展、提升水平的过程，促进了生产力水平的发展。在这一辩证关系中，企业定额扮演了催化剂和判断标准的作用，这是企业定额的本质特征。

　　学习《企业定额编制原理与实务》课程的目的就是要应用好这个科学管理的工具，通过掌握编制方法，融会贯通地应用到企业管理的各个阶段和领域，真正实现运用企业定额实现控制工程成本，达到提高生产经营效益的目的。

为什么要学习《企业定额编制原理与实务》？

　　如果你将来在建设领域从事技术或者管理工作，都绕不开控制和降低工程成本的工作内容，因为这是企业一切工作的出发点和归宿。

　　企业定额就是降低工程成本的尺度，只有熟练掌握了企业定额的使用方法，才能在工作中顺利实现降低成本的目标。

　　只会使用企业定额，而不知道企业定额三大要素消耗量是如何确定的，就没有掌握企业定额本质内容。所以，我们必须从企业定额编制原理和方法上开始学习，才能熟练、正确解决如何降低工程成本的问题。

如何学好《企业定额编制原理与实务》课程？

　　学好该课程的要领是：深入了解施工工艺、准确划分施工过程、客观分析与记录工作时间、科学整理与分析数据、规范定额内容与数据。

　　深入了解施工工艺：企业定额每一个定额项目都要根据施工工艺确定工作内容。如果不了解施工工艺，如何确定定额项目的工作内容？

　　准确划分施工过程：企业定额项目与要素定额项目是不同的。我们大概知道企业定额项目比预算定额项目细分化、人工定额项目比企业定额细分化，那么按什么方法划分这些项目呢？通过学习"施工过程"划分的内容就可以掌握划分这些项目的方法。

　　客观分析与记录工作时间：定额项目划分好以后，就要填写到记录时间的表格中，然后记录工作时间。后面如何确定记录的是定额工作时间与非定额工作时间？这就要学习"工作时间"划分的方法。

科学整理与分析数据：整理记录的工人工作时间和机械工作时间的数据，然后采用统计学的方法，计算出定额工作时间。

规范定额内容与数据：依据企业管理工作的需要，规范企业定额的格式、内容、单位和数据是运用定额进行科学管理的基本要求。

企业定额数据来源与传递可以通过下面的图示来表达。

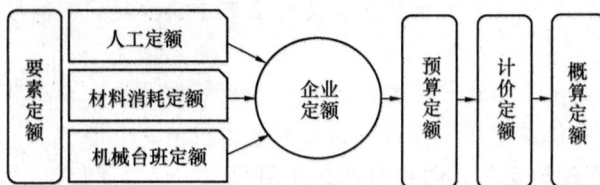

```
┌────┐   ┌──────────┐
│    │   │  人工定额  │
│    │   └──────────┘ ╲      ╭──────╮   ┌────┐ ┌────┐ ┌────┐
│要素│   ┌──────────┐  ╲     │ 企业 │   │预算│ │计价│ │概算│
│定额│   │材料消耗定额│ ───→ │ 定额 │ → │定额│→│定额│→│定额│
│    │   └──────────┘  ╱     ╰──────╯   └────┘ └────┘ └────┘
│    │   ┌──────────┐ ╱
│    │   │机械台班定额│
└────┘   └──────────┘
```

请同学们思考如下两个问题，带着疑问开启本课程的学习：

（1）企业定额各种消耗量数据来源于人材机要素定额；预算定额各种消耗量数据来源于企业定额；计价定额各种消耗量数据来源于预算定额；概算定额各种消耗量和货币量数据来源于计价定额。上述说法是否正确？

（2）为什么没有说概算指标各种消耗量和货币量数据来源于计价定额或者预算定额？

前　言

我国 2003 年、2008 年和 2013 年颁发的《建设工程工程量清单计价规范》GB 50500 规定，依据"企业定额，国家或省级、行业建设主管部门颁发的计价定额"编制工程量清单报价。"建办标〔2020〕38 号"文指出，"取消最高投标限价按定额计价的规定，逐步停止发布预算定额"。这表明，将来工程造价确定与控制的主角将是企业定额。

建设工程管理类专业（特别是工程造价专业）学生参加工作以后，编制和应用企业定额进行投标报价和从事成本管理工作是必备的核心技能。

因此，通过掌握技术测定法，熟练掌握编制企业定额、人工定额、材料消耗定额和机械台班定额的知识与方法，训练其编制技能是本教材的重点内容。

通过系统地学习企业定额原理和编制方法，可以提升对企业定额的本质认识，从而熟练应用定额解决工程造价预结算中出现的诸多问题，包括根据工程实施情况编制补充定额、根据工程结算数据资料完成编制概算指标等工作。

本教材采用"先方法，后实训"结构模式，按照掌握企业定额编制技能规律，设计出基于"技术测定法""理论计算法"编制人工定额、机械台班定额的科学方法，构建编制核心定额——企业定额的理实一体化课程体系，进而配套完成实践性教学的实训环节内容。编写成"工学结合"的新形态教材，是本教材的主要特色。

本教材由四川建筑职业技术学院袁建新教授、上海城建职业学院袁媛副教授及中国建筑第八工程局有限公司总承包公司李大平高级经济师共同编著。袁建新编写了第 1 章、第 6 章、第 7 章和第 8 章的内容；袁媛编写了第 2 章、第 3 章、第 4 章、第 10 章和第 11 章的内容；李大平编写了第 5 章和第 9 章内容。

本教材由四川建筑职业学院侯兰副教授主审。编写过程中得到了中国建筑工业出版社的大力支持和帮助，在此一并表示感谢！

由于作者水平有限，书中难免有不当之处，敬请广大师生与读者批评指正。

目　录

Ⅲ 实 训 篇

Ⅰ 理论方法篇

1　概　　论

知识点

掌握定额这个"大家族"有哪些成员，掌握建设工程定额按用途分类，熟悉估算指标、概算指标、概算定额、预算定额、费用定额、施工定额、企业定额之间的内在联系，熟悉企业定额与施工定额的异同点，掌握人工定额、材料消耗定额、机械台班定额的作用。

技能点

根据"某企业的企业定额（表 1-7）"中数据计算分析各定额之间的合价产生差别的原因，能通过网络搜索"企业定额"图片资料并说出其组成部分的内容。

课程思政

培养什么人的问题，是教育的根本问题。全面贯彻党的教育方针是教学工作的首要任务。《企业定额编制原理与实务》是培养学员将来从事企业定额编制工作的理实一体化课程。企业定额作为考核标准，定额数据的准确性直接影响确定工程成本和建设效益。因此要培养吃苦耐劳的精神，持续训练、逐步精通；要从现在做起，实事求是、精益求精地完成企业定额编制的学习和实训任务，把自己培养为高素质的社会主义建设接班人！

立德才能树人　　　　　　我为祖国骄傲

1.1　认　识　定　额

1.1.1　定额是个大家族

定额这个大家族叫"建设工程定额"。建设项目从计划、设计、交易、施工到竣工五个阶段的全部建设过程中，要使用到不同的定额（图 1-1）。

1.1.2　建设工程定额按用途分类

图 1-1 中的定额是怎么分类的？初学者只要掌握以下两种分类方法就可以了：

第一是按用途分类，可以分为"估算指标、概算指标、概算定额、预算定额、费用定额、施工定额、企业定额"等。

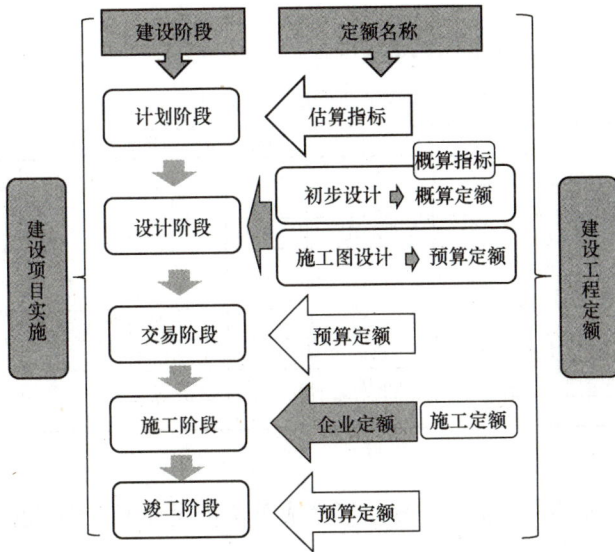

图 1-1　对应建设项目五个阶段应用的主要定额

第二是按编制单位分，可以分为"全国定额、行业定额、地区定额、企业定额"等。这些定额的基本概念和举例如下：

1. 估算指标

在项目建议书阶段、可行性研究阶段，确定建设项目全部投资费用（估算造价）的技术经济指标。例如，在可行性研究阶段，应用类似工程投资估算指标，编制××工程大学实验大楼工程投资估算。

2. 估算指标举例

某地区住宅工程估算指标表见表 1-1。

某地区住宅工程造价估算指标及费用构成　　　　　　　　表 1-1

名称	指标值（元/m²）	造价比例（%）	费用比例（%）					独立费	其他各项费用
			直接费						
			定额直接费	材料差价	人工调整	机械调整	安装设备主材		
土建	646.67	90.28	72.90	−0.50		−0.78		10.27	18.07
给水排水	20.05	2.80	12.70	6.18	10.82	0.90	47.08		22.31
电气	21.61	3.02	10.20	5.72	16.48	1.08	34.30		32.21
通风空调	5.87	0.82	7.20	0.80	12.05	2.07	56.88		21.00
采暖									
智能	22.08	3.08							
总计	716.28	100							

有关费用说明：给水排水中未含水泵气压罐、玻璃钢水箱设备费以及洗脸盆、浴缸主材费。电气中未含动力、照明配电箱费用；通风调节器中风机设备总价 0.69 万元

3. 概算指标

概算指标是以整个建筑物或构筑物为对象，以"m²""m³""座"等为计量单位，确定其人工、材料、机械台班消耗量和货币量及间接费、利润指标的数量标准。概算指标是评价设计方案经济合理性的依据。

4. 概算指标举例

某地区工业厂房概算指标举例见表 1-2。

某地区工业厂房概算指标表　　　　　　表 1-2

序号	分部名称	元/m²	%	序号	分部名称	元/m²	%
1	基础	22.00	13.33	7	门窗	17.88	10.83
	其中：混凝土桩			8	装饰	2.04	1.24
2	柱子	25.77	15.61	9	其他	11.02	6.68
3	吊车梁	14.85	9.00				
4	墙体及隔断	11.46	6.94		小计	165.07	100
5	楼地面	2.08	1.25		综合取费	63.65	
6	屋盖	57.97	35.12		合计	228.72	
	其中：屋架	(9.99)	(6.05)				
	天窗	(10.34)	(6.26)				

5. 概算定额

概算定额亦称扩大结构定额。它规定了完成单位扩大分项工程所必须消耗的人工、材料、机械台班的数量标准。

概算定额是由预算定额综合而成，可以将预算定额中有联系的若干分项工程项目综合为一个概算定额项目。例如，将预算定额中人工挖地槽土方、基础垫层、砖基础、墙基防潮层、地槽回填土、余土外运等若干分项工程项目综合成一个概算定额项目，即"砖基础工程项目"。

概算定额是编制设计概算的依据，也是评价设计方案经济合理性的依据。

6. 概算定额举例

某地区建筑工程概算定额举例见表 1-3。

某地区建筑工程概算定额　　　　　　表 1-3

一、砖基础　　　　　　单位：10m³

定额编号				02-001	02-002	02-003	02-004
项目				砖基础		带形基础	
				不带地圈梁	带地圈梁	毛石	混凝土
基价（元）				2538.51	2760.14	2583.59	3119.92
其中	人工费（元）			662.25	746.22	786.82	851.90
	材料费（元）			1804.75	1916.23	1696.63	2064.60
	机械费（元）			71.51	97.69	100.15	203.42
定额代码	综合项目	单位	单价	数量			
01001	人工挖土方深度 2.0m 内　普通土	100m³	459.01	0.162	0.162	0.160	0.160
01002	人工挖土深度 2.0m 内　坚土	100m³	959.39	0.128	0.128	0.201	0.201
01005	人力或胶轮车运土　运距 30m 内	100m³	377.06	0.109	0.109	0.114	0.114
01006	人力或胶轮车运土　运距每增 20m	100m³	89.83	0.109	0.109	0.114	0.114
01011	回填土　人工夯填	100m³	772.70	0.181	0.181	0.247	0.247
04001	砖基础（水泥砂浆 M10）	10m³	1752.05	1.000	0.934	—	—
04028	毛石条形基础（混合砂浆，M5）	10m³	1565.92	—	—	1.000	—
05001	带形基础　毛石混凝土（现浇 C20 砾 40）	10m³	2199.16	—	—	—	0.250
05002	带形基础　无筋混凝土（现浇 C20 砾 40）	10m³	2328.33	—	—	—	0.250

7. 预算定额

预算定额是工程造价管理部门颁发，用于确定单位分项工程人工、材料、机械台班消耗量及货币量的数量标准。预算定额是编制施工图预算、确定工程预算造价的依据，也是编制建设工程工程量清单报价的依据。

预算定额按专业划分，一般有建筑工程预算定额、安装工程预算定额、装饰工程预算定额、市政工程预算定额、园林绿化工程预算定额等。

8. 预算定额举例

某地区建筑工程预算定额举例见表1-4。

某地区建筑工程预算定额（单位估价表）　　　　　表1-4

10. 伸缩缝

工作内容：1. 切缝：放样、缝板制作、备料、熬制沥青、浸泡木板、拌合、嵌缝、烫平缝面。

　　　　　2. PG道路嵌缝胶：清理缝道、嵌入泡沫背衬带、配置搅拌PG胶、上料灌缝。

计量单位：10m³

	定额编号			2-293	2-294	2-295	2-296	2-297	2-298	2-299
项目				人工切缝					锯缝机锯缝每10延长米	PG道路嵌缝胶每100m³
				伸缝			缩缝			
				沥青木板	沥青玛瑞脂	填充塑料胶	沥青木板	沥青玛瑞脂		
基价（元）				491.17	834.41	30.46	362.71	466.90	22.52	354.70
其中	人工费（元）			144.03	77.75	24.72	164.48	87.86	14.38	32.81
	材料费（元）			347.14	755.66	3.21	198.23	379.04	—	321.89
	机械费（元）			—	—	2.53	—	—	8.14	—
	名称	单位	单价（元）	数量						
人工	综合人工	工日	22.47	6.41	3.48	1.10	7.32	3.91	0.64	1.46
材料	石粉	kg	0.095	—	127.40	—	—	63.70	—	—
	钢锯片	片		—	—	—	—	—	0.065	—
	薄板 20mm	m²	1347.00	0.221	—	—	0.111	—	—	—
	石棉	kg	4.42	—	126.00	—	—	63.00	—	—
	石油沥青60号～100号	t	1400.00	0.033	0.127	—	0.033	0.064	—	—
	煤	t	169.00	0.008	0.032	—	0.008	0.016	—	—
	木柴	kg	0.21	0.800	3.200	—	0.800	1.600	—	—
	塑料胶条	kg	8.12	—	—	0.35	—	—	—	—
	PG道路嵌缝胶	kg	16.40	—	—	—	—	—	—	19.53
	其他材料费	%	—	0.50	0.50	0.50	0.50	0.50	0.50	0.5
机械	电动空气压缩机 0.6m³/min	台班	58.85	—	—	0.043	—	—	—	—
	锯缝机	台班	38.75	—	—	—	—	—	0.21	—

9. 费用定额

费用定额是指与施工生产的个别项目无直接关系，而为企业全部施工项目建造所发生的费用，一般以定额人工费或者直接费为基数乘以规定的费率。例如，计算工程管理费、利润、措施项目费、规费等的定额。

10. 费用定额举例

某地区费用定额举例见表 1-5。

某地区费用定额　　　　　　　　　　　　　　　　表 1-5

序号	规费名称	计算基础	费率（%）
1	养老保险	分部分项工程和单价措施项目定额人工费	6.0～11.0
2	失业保险	同上	0.6～1.1
3	医疗保险	同上	3.0～4.5
4	工伤保险	同上	0.8～1.3
5	生育保险	同上	0.5～0.8
6	住房公积金	同上	2.0～5.0
7	工程排污费	按工程所在地区规定计取	—

11. 施工定额举例

某企业施工定额举例见表 1-6。

某企业施工定额　　　　　　　　　　　　　　　　表 1-6

S9-3　现浇混凝土柱（m^3）

定额编号	项目		单位	人工		材料（半成品）		机械		
				机拌机捣		混凝土	其他材料费	搅拌机400L	翻斗车2t	振捣器
				时间定额	每工产量	m^3	元	台班	台班	台班
26	矩形柱	周长在（m） 1.6 以内	m^3	1.822	0.549	1.013	18.60	0.081	0.116	0.132
27		1.6 以外		1.633	0.612	1.013	10.07	0.081	0.116	0.132
28	圆形柱	直径在（m） 0.5 以内		1.855	0.539	1.013	18.26	0.081	0.116	0.132
29		0.5 以外		1.689	0.592	1.013	13.88	0.081	0.116	0.132
30	叠合柱			2.178	0.460	1.013	9.98	0.101	0.129	0.151

12. 企业定额举例

某企业的企业定额举例见表 1-7。

某企业的企业定额 表 1-7

Q9-3 现浇混凝土柱（m³）

定额编号			26	27	28	29	30
项目	单位	单价	矩形柱		圆形柱		叠合柱
			周长1.6m内	周长1.6m外	直径0.5m内	直径0.5m外	
合价	元	—	970.45	928.85	975.89	942.46	1033.28
其中 人工费	元	—	318.85	285.78	324.63	295.58	381.15
其中 材料费	元	—	596.33	587.80	595.99	591.61	587.71
其中 机械费	元	—	55.27	55.27	55.27	55.27	64.42
综合用工	工日	175.00	1.822	1.633	1.855	1.689	2.178
材料 混凝土 C30	m³	570.32	1.013	1.013	1.013	1.013	1.013
材料 其他材料费	元	—	18.60	10.07	18.26	13.88	9.98
机械 搅拌机 400L	台班	218.42	0.081	0.081	0.081	0.081	0.101
机械 翻斗车 2t	台班	168.55	0.116	0.116	0.116	0.116	0.129
机械 振捣器	台班	136.54	0.132	0.132	0.132	0.132	0.151

13. 建设工程定额按用途分类释义

为什么说是"按用途"分类呢？因为估算指标主要在计划阶段确定建设项目估算造价；概算指标和概算定额主要在初步设计阶段确定建设项目概算造价；预算定额主要在施工图设计阶段、交易阶段和竣工验收阶段确定建设项目预算造价和结算造价；企业定额（施工定额）是施工企业在交易和施工阶段确定工程项目企业报价（造价）的依据。所以将此方法称为"按用途"分类。

1.1.3 建设工程定额按编制单位分类

在全国范围使用的定额称为全国定额，该定额由国家（即定额主管部门）负责编制，例如"房屋建筑与装饰工程消耗量定额（TY 01-31-2015）"由中华人民共和国住房和城乡建设部组织编制和颁发。

行业定额是指在某行业内使用的定额，例如"电力建设工程预算定额"是中国电力企业联合会组织编制和颁发，在全国电力建设行业使用的行业定额。

地区定额是指只能在某省、市、自治区使用的定额，例如"××省建筑工程预算定额"是××省建设行政主管部门组织编制和颁发，可以在全省范围内使用的定额。

企业定额是施工企业自己编制，并且在企业内部使用的定额。

所以，可以按编制单位不同对定额进行分类。

1.1.4 要素定额

1. 要素定额简介

我们知道，生产力的三要素是：人的劳动、劳动对象、劳动手段，这也是产品生产的三要素。

在建筑产品生产过程中，对应于"人的劳动"我们编制了"劳动定额"；对应于"劳动对象"我们编制了"材料消耗定额"；对应于"劳动手段"我们编制了"机械台班定额"，因此我们将这三个定额称为"要素定额"，也可称"人材机消耗量定额"。

2. 劳动定额

劳动定额亦称人工定额，它规定了在正常施工条件下，某工种某等级的工人或工人小组，生产单位合格产品所必需消耗的劳动时间；或者是在单位工作时间内生产合格产品的数量。

劳动定额是编制预算定额、企业定额的依据，也是企业内部管理的基础。

3. 材料消耗定额

材料消耗定额规定了在正常施工条件下和合理使用材料的条件下，生产单位合格产品所必需消耗的一定品种规格的原材料、半成品、成品或结构构件的数量标准。

材料消耗定额是编制预算定额、企业定额的依据，也是企业内部管理的基础。

4. 机械台班定额

机械台班定额规定了在正常施工条件下，利用某种施工机械，生产单位合格产品所必需消耗的机械工作时间；或者在单位时间内机械完成合格产品的数量标准。

机械台班定额是编制预算定额、企业定额的依据，也是企业内部管理的基础。

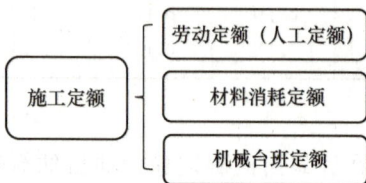

图 1-2　要素定额构成
施工定额主要内容

1.1.5　施工定额内容构成

施工定额包含的内容，从表 1-6 中可以看到，施工定额中包含了人工、材料、机械台班消耗量（简称人材机消耗量）。

从表 1-6 中可以看到，现浇一立方米混凝土柱的综合用工 1.822 工日、C30 混凝土 1.013m³、400L 混凝土搅拌机 0.081 台班等定额数据，都是从要素定额数据中录入。

施工定额与要素定额之间关系见图 1-2。

1.1.6　施工定额的定义

由于施工定额主要包括了定额项目的人材机消耗量，是根据本企业生产力水平编制，用于编制施工预算、签发施工任务书、限额领料单和实行包工包料以及结算计件工资、结算材料消耗，进行工程成本核算和两算对比的企业内部定额。

解惑：施工定额为什么也能编制施工预算？施工预算主要反映符合某企业生产力水平，完成该定额项目的人材机消耗量，用这些消耗量与实际完成的消耗量进行对比后采取必要措施，就能实现工程成本控制的目标。

1.1.7　企业定额的内容与作用

1. 企业定额包含的内容

从表 1-7 中可以看到，企业定额中不仅包含了施工定额人工、材料、机械台班消耗量，还包含了与之对应的人工费、材料费、机械使用费以及定额项目合价的货币量。

2. 企业定额的作用

企业定额包含消耗量与货币量，可以直接编制施工预算用于工程成本管理；可以用于编制工程量清单报价，用于建设工程投标报价。

3. 企业定额的定义

企业定额既包含了施工定额的人材机消耗量又包含了计算直接费的货币量，是编制施工预算、工程投标报价和签发施工任务书、限额领料单和实行包工包料以及结算计件工资、结算材料消耗，进行工程成本核算和两算对比的企业内部定额（图1-3）。

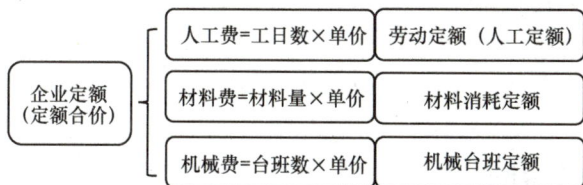

图1-3　企业定额主要内容的由来

1.2　建设工程定额之间的关系

1.2.1　建设工程定额拓展内容

上述定额，除了估算指标和概算指标外，基本上是计算建设工程直接费的定额。完整的工程造价还需要计算间接费、利润和税金。按《建设工程工程量清单计价规范》GB 50500—2013 的规定要计算分部分项工程费、措施项目费、其他项目费、规费和税金。费用定额是计算这些费用的标准，所以建设工程定额还要包括费用定额。

工期定额规定了建设项目的建设时间，依据合同超出工期会产生罚款或者节约工期能得到奖金，这一结果影响了工程造价，所以工期定额也是就是定额的组成部分。

1.2.2　建设工程定额之间的数据关联

图1-4表达了各定额之间数据的内在联系，其核心内容是要素定额数据贯彻了全过程，是建设工程定额的基础，具有核心地位。

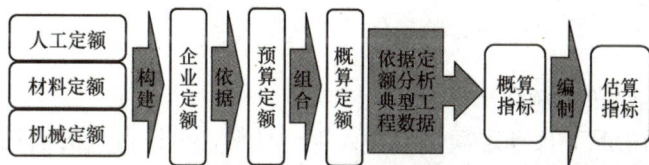

图1-4　建设工程定额之间数据关联示意图

1.3　熟 悉 企 业 定 额

1.3.1　定额释义

从字面上讲，"定额"就是规定的额度。即规定建设项目不同建设阶段人力、物力、财力消耗的数量标准。

1.3.2　企业定额释义

企业定额是确定、反映本企业生产力水平，完成定额工作过程或者工序项目（后续章节释义），全部工作内容的人工、材料、机械台班消耗量及其货币量的数量标准。企业定额是企业内部管理的基础，是企业确定工程投标报价的依据。

1.3.3　企业定额的作用

1. 编制施工预算和企业投标报价的依据

用企业定额编制的施工预算是本企业内部控制工程成本的依据；编制的投标报价是本企业获得拟建工程的期望价格。

2. 编制各种计划的依据

企业定额是编制施工进度计划、材料供应计划、劳动力需用量计划、施工机械台班需用量等计划的依据。

3. 控制工程成本的依据

企业定额是施工管理中给班组下达施工任务单和限额领料单的依据，企业通过下达施工任务单和限额领料单来控制工程成本。

1.4　什么是技术测定法

技术测定法，是编制要素定额的主要方法和获取人材机消耗量数据的主要来源。

技术测定法是指通过对施工过程的生产技术、施工组织、施工条件和各种工时消耗进行科学分析研究后，通过拟定合理施工条件、操作方法、劳动组织，在考虑挖掘工作潜力的基础上，通过计时观察记录数据分析整理，确定定额人材机消耗量的方法。

技术测定法通常有测时法、写实记录法、工作日写实法和简易测定法。

技术测定法的主要任务是为制定和修改人工定额、材料消耗定额、机械台班定额，补充企业定额和预算定额提供科学的数据资料。

技术测定法的实施，是记录工人工作时间内完成产品的数量，需要科学划分施工项目名称和记录合理的工作时间，因此需要深入研究施工过程和工作时间划分的两大方法。

1.5　提升与导学

1.5.1　提升

1. 预算定额与计价定额

在没有特指的情况下预算定额是包含人工、材料、机械台班的消耗量和货币量的定额；该称谓也可以包含几种定额，例如"消耗量定额""预算定额""单位估价表"等，这些也可以统称为"预算定额"，也称为"计价定额"；计价定额比预算定额外延更加宽泛，即凡是可以直接或者间接作为依据计算工程造价的定额称为计价定额。

2. 施工定额与企业定额

如何区分企业定额与施工定额？两者都是本企业内部使用的定额（共同点）；从表1-6和表1-7中可以看到，企业定额不但包含了施工定额的人材机消耗量，还包含了消耗量和对应货币量及定额合价；所以，企业定额不仅可以在内部使用，也是编制建设工程投标报价的依据（不同点）。关于这一要求，在2003年、2008年和2013年《建设工程工程量清单计价规范》GB 50500（下简称"计价规范"）中都有明确规定。

例如，2013计价规范规定采用"企业定额、国家或省级、行业建设主管部门颁发的计价定额"编制工程量清单报价。住房和城乡建设部"建办标〔2020〕38号"文指出，"取消最高投标限价按定额计价的规定，逐步停止发布预算定额"表明，将来工程造价确定与控制的主角将是企业定额。

1.5.2 导学

1. 定额的核心内容是消耗量

人工定额、材料消耗定额、机械台班定额的核心内容分别是定额项目的人工消耗量、材料消耗量和机械台班消耗量；施工定额、企业定额、预算定额、单位估价表的核心内容也是人材机消耗量，只不过在相同定额项目下，预算定额和单位估价表的人材机消耗量比施工定额、企业定额的消耗量略微多一点，这"多一点"是由定额水平确定的。

当定额项目的消耗量乘以对应的人材机单价后，就产生了人工费、材料费和机械费，见表 1-3 和表 1-4。

定额项目的消耗量是相对稳定的，人材机单价由于时效性、地区性以及受到市场客观情况影响，可能会每个季度发生变化。因此，应用定额计算施工预算造价和施工图预算造价时，往往要根据市场价格的变化，及时调整人材机单价。

人材机消耗量是定额项目的核心内容，一般不能改变，而单价随行就市变化相对较大，编制施工图预算的实物金额法，充分利用了这个原理。定额数据内在联系见图 1-5。

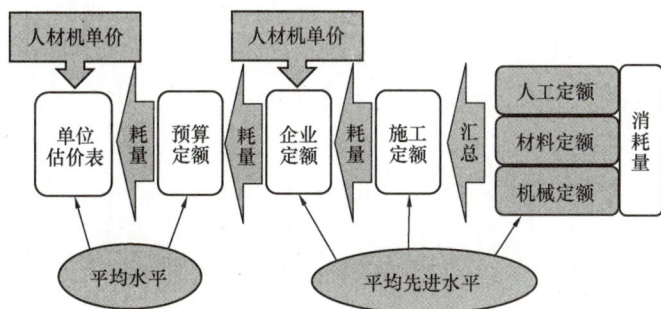

图 1-5　定额项目消耗量传递路线及定额水平示意图

2. 对定额水平的认识

从图 1-5 中看到，定额水平有两种表达方式即"平均水平"与"平均先进水平"；简而言之，平均先进水平的人材机消耗量（与单价无关）比平均水平的消耗量要低。

例如，预算定额的地面面层抹灰项目，抹 20mm 厚 1∶2 水泥砂浆的消耗量为：$2.02m^3/100m^2$，是平均水平；该项目的企业定额砂浆消耗量为：$2.015m^3/100m^2$，比预算定额项目少消耗 $0.005m^3/100m^2$ 即为平均先进水平，该水平是企业内部管理以及企业自主投标报价的水平，平均水平是社会必要劳动时间的水平。

平均水平与平均先进水平的辩证关系：平均先进水平是企业生产力水平的体现，当多数企业都达到了这个水平，那么平均先进水平就转化为社会平均水平，如此循环发展，推动了社会生产力水平的提升；平均先进水平体现了本企业的劳动生产力水平，个别企业的平均先进水平不一定比平均水平高，所以平均先进水平具有相对性。

复 习 思 考 题

1. 概算指标与概算定额有什么区别？
2. 建设工程定额按用途是怎样分类的？
3. 简述概算指标的计量单位，为什么这样规定？

4. 估算指标与概算指标有什么不同？

5. 什么是预算定额？请举例说明。

6. 什么是单位估价表？与预算定额有什么不同？

7. 什么是费用定额？包括哪些内容？

8. 什么是企业定额？

9. 什么是施工定额？

10. 企业定额与施工定额的异同点有哪些？

11. 什么是要素定额？为什么这样称呼？

2 施工过程和工作时间

知识点

掌握施工过程的概念，熟悉构成施工过程的因素，掌握施工过程的分解方法，掌握工序的概念和事例；掌握工作过程的划分方法；掌握划分施工过程的方法与道理；掌握工作时间的概念；掌握人工工作时间的划分方法；掌握机械工作时间的划分方法；熟悉辅助工作时间的定义与划分方法；区分循环工作时间与非循环工作时间。

技能点

能绘制施工过程划分示意框图；能绘制工人工作时间划分示意的框图；能绘制机械工人工作时间划分示意的框图。

课程思政

雷锋精神的基本内涵包括：忠于党，坚决按党的指示办事，坚定不移地跟党走；脚踏实地、勇于探索，把实现崇高的理想落实到本职岗位上的创造和贡献之中；公而忘私的共产主义风格，把毫不利己、专门利人看作最大的幸福和快乐，把有限的生命投入到无限的为人民服务之中去；奋不顾身的革命斗志，始终保持昂扬的精神状态和勇往直前的革命干劲，在平凡的岗位上作出不平凡的成绩。雷锋精神集中体现了中华民族的优良传统，反映了社会主义和共产主义的价值观念和行为准则，凝聚着全人类共同珍视的时代精神的精华。这种伟大精神，过去、现在和将来都是教育和激励人们前进的宝贵精神财富！

2.1 施工过程研究

编制人工定额、材料消耗定额等要素定额，是从拟定合理的工作环境和观察完成项目的劳动时间开始的，所以首先要研究施工过程和工作时间。

2.1.1 施工过程的概念

施工过程是指在建筑安装施工现场范围内所进行的各种生产过程。施工过程的最终目的是要建造、恢复、改造、拆除或移动工业、民用建筑物的全部或一部分。

例如，人工挖地槽土方，现浇钢筋混凝土构造柱，构造柱钢筋制作安装，金属栏杆制作，金属栏杆安装等，都属于一定范围内的施工过程。

2.1.2 构成施工过程的因素

建筑安装施工过程的构成因素是生产力的三要素，即劳动者、劳动对象、劳动手段。

1. 劳动者

劳动者主要指生产工人。建筑安装工人按其担任的工作不同而划分为不同的专业。例如，砖工、木工、钢筋工、电焊工、管道工、电工、筑炉工、推土机及载重汽车驾驶员等。

工人的技术等级是按其所做工作的复杂程度、技术熟练程度、责任大小、劳动强度等要素确定的。工人的技术等级越高，其技术熟练程度也就越高。

2. 劳动对象

劳动对象是指施工过程中所使用的建筑材料、半成品、成品、构件和配件等。

3. 劳动手段

劳动手段是指在施工过程中工人用以改变劳动对象的工具、机具和施工机械等。例如，木工的工具有刨子和锯子；装饰装修用的冲击电钻、手提电锯、电刨等机具；搅拌砂浆用的砂浆搅拌机等机械。

2.1.3 施工过程的分解

施工过程按其组织上的复杂程度，一般可以划分工序、工作过程和综合工作过程。

什么是工序

1. 工序

工序是指在劳动组织上不可分割，而在技术操作上属于同一类的施工过程。

工序的主要特征是：劳动者、劳动对象和劳动工具均不发生变化。如果其中有一个条件发生了变化，就意味着从一个工序转入了另一个工序。

从施工的技术组织观点来看，工序是最基本的施工过程，是定额技术测定工作中的主要观察和研究对象。以砌砖这一工序为例，工人和工作地点是相对固定的，材料（砖）、工具（砖刀）也是不变的。如果材料由砖换成了砂浆或工具由砖刀换成了灰铲，那么就意味着又转入了铲灰浆或铺灰浆工序。

工序可以由一个工人来完成，也可以由小组或几名工人协同完成；工序可以由手动完成，也可以由机械操作来完成，例如吊装楼面混凝土叠合板等。

从劳动过程的观点看，工序又可以分解为更小的组成部分——操作；操作又可以分解为最小的组成部分——动作。

操作是一个个动作的综合，若干个操作构成一道工序。

例如，弯曲钢筋这道工序，就是由下列操作组成：①钢筋放在工作台上；②对准位置；③弯曲钢筋；④将弯好的钢筋放置好。

而把钢筋放在工作台上这一操作，则是由下列动作组成：①走向堆放钢筋处；②拿起钢筋；③返回工作台；④把钢筋放在工作台上；⑤把钢筋靠近弯曲立柱架上。

2. 工作过程

工作过程是指同一工人或工人小组所完成的，在技术操作上相互有联系的工序组合。

工作过程的主要特征是：劳动者不变，工作地点不变，而材料和工具可以变换。

以调制砂浆这一工作过程为例，其人员是固定不变的，工作地点是相对稳定的，但时而要用砂子，时而要用水泥，即材料在发生变化；时而用铁铲，时而用箩筐，其工具在发生变化。

由一个工人完成的工作过程称为个人工作过程。由一个小组共同完成的工作过程称为小组工作过程。

3. 综合工作过程

综合工作过程是指在施工现场同时进行的，在组织上有直接联系的，并且最终能获得一定劳动产品的施工过程的总和。

例如，砌砖墙这一综合工作过程，由调制砂浆、运砂浆、运砖、砌墙等工作过程构成，他们在不同的空间同时进行，在组织上有直接联系，并最终形成的共同产品是一定数量的砖墙。

施工过程的工序或其组成部分，如果以同样的内容和顺序不断循环，并且每重复一次循环可以生产出同样的产品，则称为循环施工过程。反之，则称为非循环施工过程。施工过程的划分示意见图 2-1。

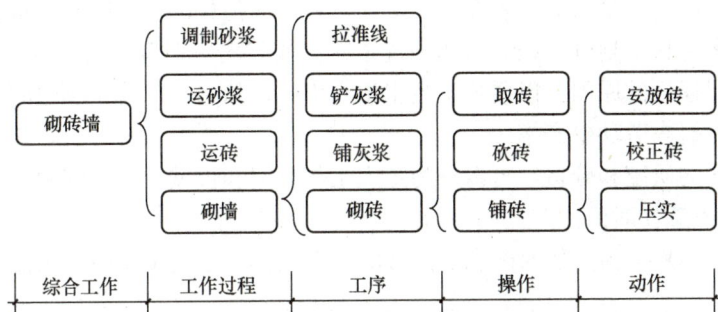

图 2-1　施工过程划分示意图

2.1.4　分解施工过程的目的

对施工过程进行分解并加以研究的主要目的是：

1. 总结先进工作经验

通过施工过程的合理分解，可以从中寻求先进生产者完成各项工作最有效、最经济、最顺畅的操作方法，以保证人力、物力的充分发挥，达到总结先进生产者的工作经验，努力降低成本，提高劳动生产率的目的。

2. 便于测定定额消耗量

通过施工过程的分解，以便我们在技术上有可能采取不同的现场观察方法来研究工料消耗的数量，取得编制定额的各项基础数据。

2.1.5　影响施工过程的因素

在建筑安装施工过程中，生产效率受到诸多因素的影响。受这些因素的影响，导致同一单位产品的劳动消耗量不尽相同。因此，有必要对影响施工过程的有关因素进行分析，以便在测定定额数据和整理定额数据时，更加合理地确定单位产品的劳动消耗量。

影响施工过程的因素主要有以下三个方面：

1. 技术因素

技术因素包括：产品的种类和质量要求；所用材料、半成品、成品、构配件的型号、规格和性能；所用工具和机械设备的类别、型号、性能及完好程度等。

2. 组织因素

组织因素包括：施工组织与施工方法；劳动组织；工人劳动态度；劳动报酬分配形

式等。

3. 自然因素

自然因素一般包括：酷暑、大风、雨雪、冰冻等。

2.2　工作时间研究

完成任何施工过程，都必须消耗一定的时间，若要研究施工过程中的工时消耗量，就必须对工作时间进行分析研究。

工作时间是指工作班的延续时间。建筑安装企业工作班的延续时间为 8h（每个工日）。

工作时间的研究，是将劳动者在整个生产过程中所消耗的工作时间，根据其性质、范围和具体情况进行科学划分、归类。明确规定哪些属于定额时间，哪些属于非定额时间，找出非定额时间损失的原因，以便拟定技术组织措施，消除产生非定额时间的因素并充分利用工作时间，提高劳动生产率。

对工作时间的研究和分析，可以分为工人工作时间和机械工作时间两个系统进行。

2.2.1　工人工作时间

工人工作时间划分为定额时间和非定额时间两大类。工人工作时间示意图见图 2-2。

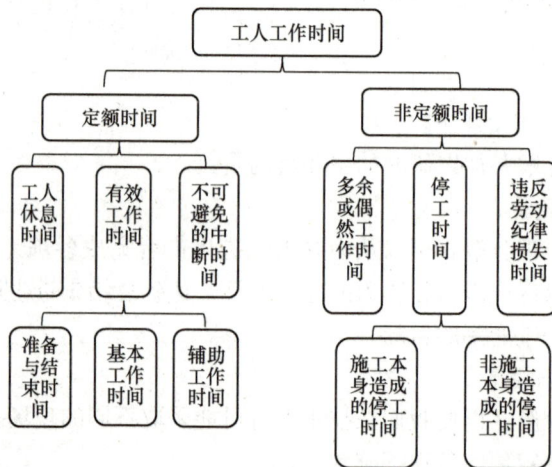

图 2-2　工人工作时间示意图

1. 定额时间

定额时间是指工人在正常施工条件下，为完成一定数量的产品或任务所必须消耗的工作时间。它包括有效工作时间、工人休息时间、不可避免的中断时间。

（1）有效工作时间

有效工作间是指与完成产品有直接关系的工作时间的消耗。包括准备与结束工作时间、基本工作时间、辅助工作时间。

1）准备与结束工作时间

准备与结束工作时间是指工人在执行任务前的准备工作和完成任务后的整理工作时

间。如领取工具、材料、工作地点布置、检查安全措施，保养机械设备、清理工地，交接班等。准备与结束工作时间一般分班内和任务内两种情况。

2）基本工作时间

基本工作时间是指工人完成与产品生产直接有关的工作时间。例如，砌砖施工过程的挂线、铺灰浆、砌砖等工作时间。基本工作时间消耗与生产工艺、操作方法、工人的技术熟练程度有关，并且与任务的大小成正比。

3）辅助工作时间

辅助工作时间是指与施工过程的技术作业没有直接关系，为了保证基本工作时间顺利进行而做的辅助性工作所需消耗的工作时间。例如，修磨校验工具、移动工作梯、工人转移工作地点等所需的时间。

辅助工作一般不改变产品的形状、位置和性能。

（2）工人休息时间

工作休息时间是指工人在工作中，为了恢复体力所需的短时间休息，以及由于生理上的要求所必需的时间（如喝水、上厕所等）。休息时间的长短与劳动强度、工作条件、工作性质等有关。例如，在高温、高空、有毒环境条件下工作时，休息时间应适当增加。

（3）不可避免的中断时间

不可避免的中断时间是指由于施工过程中技术和组织上的原因，以及施工工艺特点所引起的工作中断时间。如汽车司机等待装卸货物的时间；安装工人等待构件起吊的时间等。

2．非定额时间

（1）多余或偶然工作时间

多余或偶然工作时间是指在正常施工条件下不应发生的时间消耗或由于意外情况引起的时间消耗。例如，拆除超过图示高度所砌的多余墙体的时间；现浇构件模板尺寸大小不合适，需要修改所需的时间。

（2）停工时间

停工时间包括由施工本身原因造成的停工和非施工本身造成的停工两种情况。

1）施工本身造成的停工时间

施工本身造成的停工时间是指由于施工组织和劳动组织不合理，材料供应不及时，施工准备工作做得不好而引起的停工。

2）非施工本身造成的停工时间

非施工本身造成的停工时间是指由于外部原因影响，非施工单位的责任而引起的停工。例如，设计图纸不能及时交给施工单位，水电供应临时中断，由于气象条件（如大雨、风暴、严寒、酷热等）等所造成的停工损失时间。

（3）违反劳动纪律损失时间

违反劳动纪律损失时间是指工人不遵守劳动纪律而造成的时间损失。例如在工作班内工人迟到、早退、闲谈、办私事等原因造成时间损失，以及包括由于个别工人违反劳动纪律而使别的工人无法工作的时间损失。

上述非定额时间，在编制定额时一般不予考虑。

2.2.2 机械工作时间

机械工作时间的分类与工人工作时间的分类比较，不尽相同。例如，在有效工作时间中所包含的有效工作的内容不同。

通过分析可以看到，这种不同点是由机械本身的特点所决定的。机械工作时间分类示意图见图2-3。

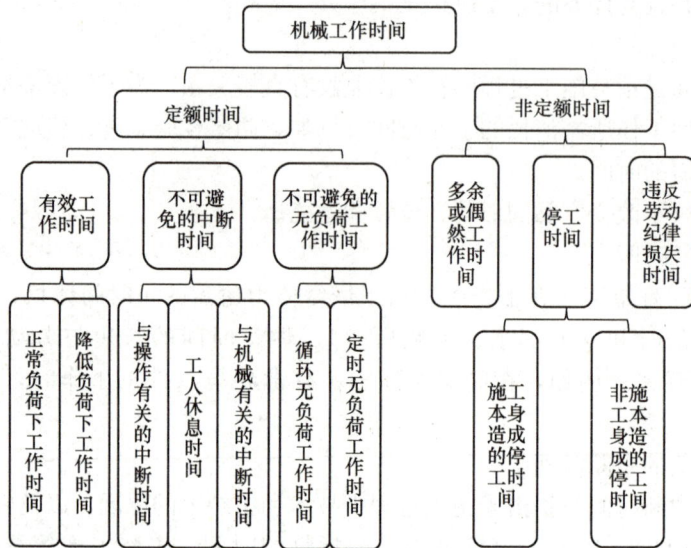

图2-3 机械工作时间分类示意图

1. 定额时间

（1）有效工作时间

有效工作时间包括正常负荷下和降低负荷下两种情况的工作时间消耗。

1）正常负荷下工作时间

正常负荷下工作时间是指机械在与机械使用说明书规定的负荷相等的正常负荷下进行的工作时间。在个别情况下，由于技术上的原因，机械可以在低于规定的负荷下工作。如汽车载运体积大而重量轻的货物时（泡沫混凝土等），不可能充分利用汽车的载重吨位，因而不得不降低负荷工作，此类情况也应视为在正常负荷下的工作。

2）降低负荷下工作时间

降低负荷下工作时间是指由于工人或管理人员的过失，造成机械在降低负荷情况下的工作时间。例如，工人装车的砂石数量不足，装入混凝土搅拌机的材料不够数量，引起汽车和搅拌机在降低负荷下工作。

（2）不可避免的无负荷工作时间

不可避免的无负荷工作时间是指由于施工过程的特性和机械结构的特点所造成机械无负荷工作时间，一般分为循环无负荷工作时间和定时无负荷工作时间两个类别。

1）循环无负荷工作时间

循环无负荷工作时间是指由于施工过程的特点所引起的机械空转所消耗的时间，它在机构工作的每一个循环工作中重复一次。例如，推土机到达工作段终端后的倒车时间；起重机吊完构件后返回构件堆放地点的时间等。

2）定时无负荷工作时间

定时无负荷工作时间主要指发生在载重汽车、推土机、挖土机等工作中的无负荷工作时间。例如，工作班开始和结束时机械来回无负荷的行走或工作地段转移所消耗的时间。

（3）不可避免的中断时间

不可避免的中断时间是指由于施工过程的技术和组织的因素造成机械工作中断的时间。

1）与操作有关的中断时间

与操作有关的不可避免的中断时间一般有循环和定时两种。

循环是指在机械工作的每个循环过程中重复一次。例如，汽车装货、卸货的停歇时间。定时是指经过一定时间重复一次。例如，水磨石机从一个工作地点转移到另一工作地点发生的中断时间。

2）与机械有关的中断时间

与机械有关的中断时间是指用机械进行工作的工人，在准备与结束工作时，使机械暂停的中断时间，或者在维护保养机械时必须使其停转所发生的中断时间。

3）工人休息时间

工人休息时间是指工人必需的休息时间。

2. 非定额时间

（1）多余或偶然工作时间

多余或偶然工作时间包括：可避免的机械无负荷工作时间，指机械完成任务时无须包含的工作占用时间，例如灰浆搅拌机工作时，工人没有及时供料而使机械空运转的延缓时间；机械在负荷下所做的多余工作，例如混凝土搅拌机搅拌混凝土时超过规定的时间。

（2）停工时间

停工时间按其性质，分为以下两种：

1）施工本身造成的停工时间

施工本身造成的停工时间是指施工组织不合理或个人原因引起的机械停工时间。例如，没有施工工作面，未能及时给机械加水、加油，机械损坏等原因引起的机械停工时间。

2）非施工本身造成的停工时间

非施工本身造成的停工时间是指由于外部的影响所引起的机械停工时间。例如，水源、电源中断（非施工原因），气候条件的影响等原因引起的机械停工时间。

（3）违反劳动纪律损失时间

违反劳动纪律损失时间是指由于工人违反劳动纪律而引起的机械停工时间。

2.3　提升与导学

2.3.1　提升

1. 研究施工过程的目的是科学划分各种定额项目

我们先来看一个项目划分以及它们之间关系的例子，见表2-1。

定额项目划分与施工过程关系举例　　　　　　　　　　　　　**表 2-1**

定额项目划分及关系			
概算定额项目	预算定额（计价定额）项目	企业定额（施工定额）项目	人工定额（台班定额）项目
1. 预制矩形梁制、运、安	（1）预制矩形梁制作	1）预制矩形梁模板制安	①模板制作
			②模板安装
			③刷隔离剂
		2）预制矩形梁混凝土浇捣	④混凝土运输
			⑤混凝土浇捣
		3）/4）预制矩形梁养护	⑥混凝土养护
			⑦模板拆除
	（2）预制梁运输	5）预制矩形梁生产厂堆放	⑧梁堆放
		6）预制矩形梁运输	⑨梁装车
			⑩矩形梁运输
			⑪梁卸车
			⑫梁堆放
	（3）预制梁安装	7）预制矩形梁安装	⑬矩形梁吊装
			⑭支撑面砂浆找平
		8）梁接头灌浆与预埋件安装	⑮接头灌浆
			⑯预埋件安装
扩大分项工程	综合工作过程	工作过程	工序
施工过程划分及关系			

表 2-1 中包含关键内容：

（1）表头列出了 4 种定额的项目名称

看了表头的 4 种定额，读者知道它们之间是什么关系了吗？是否了解什么定额包含什么定额内容的关系？什么定额汇总什么定额内容的关系？包含或者汇总的是消耗量还是货币量？弄清楚这些问题，就掌握了本章节的核心内容之一。

（2）表尾列出了施工过程划分的项目

看了表尾的 4 种施工过程的名称，读者知道它们之间是什么关系了吗？是否了解什么项目包含什么项目内容的关系？什么项目汇总什么项目内容的关系？为什么要划分施工过程？弄清楚这些问题，就掌握了本章节的核心内容之一。

2. 研究工作时间的目的是为了科学测定定额时间

技术测定法记录的最小工作时间，是完成工序所需的时间，这一时间是人工定额项目的基本时间，也是最重要的时间。施工过程对工序的划分和工作时间对定额工作时间的划分，是科学测定定额时间的基础。

内在关联的工序时间汇总构建为施工定额（企业定额）项目的人工工日数；内在关联的施工定额（企业定额）项目的人工工日数汇总构建为预算定额（计价定额）项目的人工工日数；内在关联的预算定额（计价定额）项目的人工工日数汇总构建为概算定额项目的

人工工日消耗量。请读者认真想一想，概算定额的人工工日消耗量可以汇总构建为概算指标吗？为什么？

2.3.2 导学

1. 不了解建设工程定额项目的划分内容就不能完全掌握施工过程划分的方法

施工过程划分方法，决定了定额项目划分的方法。工序项目必然有对应的定额项目，这就产生了例如人工定额项目；工作过程项目必然有对应的施工定额（企业定额）对应项目；综合工作过程项目必然有对应的预算定额项目；综合工作过程项目必然有对应的概算定额项目。

当然，这一对应关系不是绝对的，预算定额项目也可以是综合工作过程。

2. 掌握工序划分方法是本课程学习的重点

工序的定义是"三个不变"，只有通过不断熟悉施工过程才能慢慢掌握工序的划分方法。

提示：预算定额（计价定额）小节的"工作内容"，一般是按工序或者扩大工序来列出的，可以通过熟悉工作内容来熟悉工序的内容。

3. 定额时间的界定

不管什么定额，工人工作时间是直接或者间接为创造建筑产品价值的时间。所以，凡是不能创造建筑产品价值的时间都视为非定额时间。

复 习 思 考 题

1. 什么是施工过程？请举例说明。
2. 构成施工过程的因素有哪些？
3. 施工过程是如何分解的？为什么要这样分解？
4. 影响施工过程的因素有哪些？
5. 工人工作时间包括哪些内容？
6. 机械工作时间包括哪些内容？
7. 为什么要研究工作时间？
8. 定额时间包括休息时间吗？为什么？
9. 什么是机械不可避免中断时间？它是定额时间吗？为什么？
10. 举例说明定额项目划分与施工过程的关系。

3　技术测定法

　　掌握写实记录法各组成部分划分方法；掌握工作日写实法各组成部分划分方法；掌握简易测定法各组成部分划分方法；熟悉简易测定法各组成部分划分方法；掌握选择测时法和接续测时法；掌握写实记录法的三种方法；熟悉工作日写实法和简易测定法。

　　会填写选择法测时记录表；会验证观察次数的合理性；能填写数示法写实记录表；能进行工作日写实记录结果的整理；能采用写实记录法完成某一企业定额项目的测定工作。

　　我国独立建成的天宫空间站，打破了西方国家在空间技术上的垄断，大长了中国人民的志气！空间站可进行各种科学实验活动包括生命科学、生物工程等；可以开发空间资源、发展空间产业、进行高新技术试验、可作为飞往月球和火星的过渡站、可从事遥感遥测等各种科学活动。与国际空间站相比，天宫空间站所有的部件设计之初都可替换，能一直在天上作为我们深空探索的前哨基地；太阳能板使用三结砷化镓电池更先进；"巡天"光学望远镜比"哈勃"望远镜更方便维修和保养，国际空间站必须要航天飞机或者货运飞船对接才能调整姿态，而我们的天宫空间站有自带的霍尔推进器，自己具有动力，实现空间姿态调整。

3.1　技术测定法概述

　　技术测定法是一种科学的调查研究方法。它是通过施工过程的具体活动进行实地观察，详细记录工人和机械的工作时间消耗量完成产品的数量及有关影响因素，并将记录结果进行科学地研究、分析，整理出可靠的原始数据资料，为制定定额提供可靠数据的一种科学方法。

　　技术测定资料对于编制定额、科学组织施工、改进施工工艺、总结先进生产者的工作方法等方面，都具有十分重要的作用。

3.1.1　技术测定的准备工作

　　按照进行的先后顺序，技术测定的准备工作一般包括以下内容：

　　1. 明确测定目的和正确选择测定对象

　　如前所述，技术测定的作用是多方面的。所认，我们在进行测定前，

技术测定法
知识拓展

就应该首先明确测定目的。根据不同的测定目的选择测定对象，才能获得所需的技术测定资料。

（1）总结推广先进经验

如果是为了总结推广先进经验，则应选择先进班组（个人）或采用先进操作技术的班组（个人）作为测定对象。

（2）为了提高工效

如果为了帮助长期无法完成企业定额工作量的班组（个人）提高工效，则应选择长期无法完成企业定额的班组（个人）作为测定对象。

（3）为了编制定额

如果是为了编制企业定额，则应选择本企业有普遍代表性的班组（个人）作为测定对象。当然，也应选择一些比较先进和相对落后的部分班组（个人）作为参考对象。

2. 熟悉施工过程

在明确了测定目标和选择好测定对象之后，测定人员应熟悉所测施工过程的施工图、施工方案、施工准备、产品特征、劳动组织、材料供应、操作方法等情况；熟悉编制定额的有关规定，现行建筑安装工程施工及验收规范、技术操作规程及安全操作规程等有关技术资料。

只有掌握了上述情况、资料和有关规定后，才能做到心中有数，才能准确地划分所测施工过程的组成部分并详细记录有关影响因素，保证技术测定资料的质量。

3. 划分施工过程的组成部分

将要测定的施工过程，分别按工序、操作或动作划分为若干组成部分。其目的是便于准确地记录时间和分析组成部分的合理性。

各组成部分划分的粗细程度，可以根据所采用的不同测定方法确定。

（1）写实记录法各组成部分划分

采用写实记录法时，施工过程的各组成部分一般按工序进行划分，同时还应选定各组成部分的计量单位。

计量单位的选定力求具体，能够比较正确地反映产品数量，并应注意计算方便和在不同施工过程中保持稳定。

例如，砌砖墙施工过程组成部分的划分和计量单位的选定见表 3-1。

砌砖墙施工过程组成部分的划分和计量单位的选定表　　　　表 3-1

序号	组成部分名称	计量单位
1	拉准线	次
2	铲灰浆	m^3
3	铺灰浆	m^3
4	摆砖、砍砖	块
5	砌砖	块

由于测时法对精确度要求较高，所测施工过程的组成部分也可以划分到操作。

为了准确记录时间，保证测时的精确度，在划分组成部分的同时，还必须明确各组成部分之间的分界点，这个分界点通常称为"定时点"。

定时点的确定可以是前一组成部分终了的那一点，也可以是后一组成部分开始的那一点。但是这一点的选择必须明显易于观察，并能保证延续时间的稳定。

例如，门框边梃机械打眼（用单头打眼机）的组成部分和定时点，可以划分见表3-2。

门框边梃机械打眼组成部分和定时点   表 3-2

序号	组成部分名称	定时点
1	把边梃料放进卡具拧紧	手触门框边梃料
2	打眼和移位	手触打眼机操作柄
3	翻料	松动卡具
4	打眼和移位	手触打眼机操作柄

（2）工作日写实法各组成部分划分

采用工作日写时法时，其组成部分则按定额时间和非定额时间划分。定额时间划分为：基本工作时间，辅助工作时间，准备与结束工作时间，休息时间，不可避免中断时间。

非定额时间的具体划分可根据测定过程中实际出现损失时间的原因来确定。

（3）简易测定法各组成部分划分

采用简易测定法时，其组成部分一般划分为工作时间和损失时间两项即可。也可不划分组成部分，仅观察损失时间，最后从延续时间中减去损失时间而得出定额时间。

4. 测定工具的准备

为了满足测定过程中的实际需要，应准备好记录夹、测定所需的各种表格、计时器（表）、数码照相机或摄像机以及其他记录测定过程的必需品。

除了上述工作外，在测定工作开展之前，应向基层管理干部和工人讲清楚技术测定的意义和作用，获得他们的配合和帮助，从思想上、组织上为开展好技术测定工作创造条件，做好准备工作。

3.1.2 因素反映

因素反映就是调查并详述所测施工过程的有关基本因素。其目的在于对该施工过程从技术上和组织上作全面的鉴定和说明。这是技术测定过程中不可缺少的一项重要工作。

各种测定方法（包括测时法、写实记录法、工作日写实法等）所取得的技术数据，与该施工过程有关的技术因素、组织因素及自然因素密切相关。

在同一施工过程中，即使相同的施工条件下，由于不同的工人进行操作，其完成产品的工作时间消耗也会有很大的差别。这就要求在技术测定过程中详细地反映出所测施工过程有关因素的状态特点及其数值。

只有准确地反映出所测施工过程的有关因素，测定资料的数据才具有使用价值。因此，每进行一次测定，应及时将所测施工过程的有关因素填写在专用的"因素登记表"里，因素登记表（见表3-3）填写要求如下：

表中"调查号次"栏，可暂不填写，待汇总整理资料时，按各份资料的测定时间先后统一编号。

"施工过程名称"栏，一般应按现行劳动定额项目划分的名称填写。

"班组日常效率情况"栏，应按班组平时完成现行人工定额的情况进行填写。

"材料和产品特征"栏，左半面填写材料类别、规格、质量、性能、产品特征等。右半面"产品略图"栏，绘制产品的外观形状、规格尺寸、部位等。

"工具、用具和机械特征"栏，填写所使用的工具和用具的必要资料，如使用新工具时应绘出图样；如有机械配合施工时，应将机械型号、性能、完好情况等做详细说明。

"工作地点平面图"栏，绘出施工场地的平面布置图，标明施工面大小、机械和堆放材料的位置以及运输道路等情况。

"施工过程的组织说明"栏，填写劳动组织及分工，该施工过程与相邻施工过程在组织上的联系，工人的劳动态度和技术熟练程度以及与施工组织有关的影响因素。

"施工过程的技术说明"栏，填写该施工过程的工作内容，各组成部分的操作方法，产品质量及安全措施等。

因素登记表　　　　　　　　　　　　　　　　　表 3-3

施工单位名称	工地名称		年　月　日	调查号次	页次

施工过程名称：

班组日常效率情况：　　　　　　　　　　　　班长姓名：

姓名	年龄	文化程度	工种	等级	工龄		工资形式	附注
					本工种	其他		

材料和产品特征	工具、用具和机械特征

工作地点特征		施工过程的组织说明	施工过程的技术说明
工作位置			
温度			
天气情况			
照明			
采暖			
工作地点平面图			

3.2 测 时 法

测时法是一种精确度比较高的技术测定方法，主要适用于研究以循环形成不断重复进行的施工过程。该方法主要用于观测研究循环施工过程，组成部分的工作时间消耗，不研究工人休息、准备与结束工作及其他非循环施工过程的工作时间消耗。

采用测时法，可以为制定人工定额提供完成单位产品所必需的基本工作时间的可靠数据；可以分析研究工人的操作方法，总结先进经验，帮助工人班组提高劳动生产率。

测时法按记录时间的方法不同，分为选择测时法和连续测时法两种。

3.2.1 测时法

1. 选择测时法

选择测时法又称间隔计时法或重点计时法。

采用选择测时法时，不是连续地测定施工过程全部循环工作的组成部分，而是每次有选择地、不按顺序测定其中某一组成部分的工时消耗。经过若干次选择测时后，直到填满表格中规定的测时次数，完成各个组成部分全部测时工作为止。

由于被观察的对象是循环施工过程，所以采用选择测时法，每次都有可能集中精力测定某一组成部分的工时消耗，经过不断反复测定，直到取得表格中所需的全部时间参数为止。

选择测时法记录时间的方法是：测定开始时，立即开动秒表，到预定的定时点时，即刻停止秒表，此刻显示的时间，即为所测组成部分的延续时间。当另一组成部分开始时，再开动秒表，如此循环测定。

选择测时法的观测精度较高，观测技术比较复杂。

表 3-4 所示为选择测时法所用的表格和具体实例。测定开始之前，应将预先划分好的组成部分和定时点填入表格内。在测时记录时，可以按施工组成部分的顺序将测得的时间填写在表格的时间栏目内，也可以有选择地将测得的施工组成部分所需时间填入对应的栏目内，直到填满为止。

2. 接续测时法

接续测时法又称连续测时法。该方法强调对施工过程循环组成部分进行不间断的连续测定，不能遗漏任何一个循环的组成部分。

接续测时法所测定的时间包括了施工过程中的全部循环时间，通过各组成部分相互联系中求出每一组成部分的延续时间。这样，各组成部分延续时间之间的误差可以相互抵消，所以连续测时法是一种比较准确的方法。

接续测时法在测定时间时使用具有辅助秒针的计时表。当测时开始时，立即开动秒表测到预定的定时点，这时辅助针停止转动，辅助针停止的位置即组成部分的时间点，记录下时间点后使辅助秒针继续转动，至下一个组成部分定时点再停止辅助针，记录时间点（辅助秒针停止时，计时表仍在继续走动），如此不间断地测时，直到全部过程测完为止。

在测定开始之前，亦需将预先划分的组成部分和定时点分别填入测时表格内。每次测时，将组成部分的终止时间点填入表格，测时结束后再根据后一组成部分的终止时间计算出后一组成部分的延续时间，并将其填入表格中。表 3-5 所示为连续测时法的具体实例。

选择法测时记录表

表 3-4

观察对象：大型屋面板吊装		施工单位		工地			日期				页次	
时间精度：1s				施工过程名称：轮胎式起重机（QL₃-6）吊装大型屋面板				开始时间 9：00	终止时间 11：00	延续时间 2h	观察号次	

号次	组成部分	定时点	每次循环的工时消耗 单位：s/块										时间整理			产品数量	附注
			1	2	3	4	5	6	7	8	9	10	正常延续时间总和	正常循环次数	算术平均值		
1	挂钩	挂钩后松手离开吊钩	31	32	33	32	①43	30	33	33	33	32	289	9	32.1	每循环一次吊装大型屋面板一块；每块重1.5t	①挂了两次钩；②吊钩下降高度不够，第一次没有脱钩
2	上升回转	回转结束后停止	84	83	82	86	83	84	85	82	82	86	837	10	83.7		
3	下落就位	就位后停止	56	54	55	57	57	②69	56	57	56	54	502	9	55.8		
4	脱钩	脱钩后开始回升	41	43	40	41	39	42	42	38	41	41	408	10	40.8		
5	空钩回转	空钩回至构件堆放处	50	49	48	49	51	50	50	48	49	48	492	10	49.2		
	合计														261.6		

连续法测时记录表

表 3-5

观察：人力双轮车	施工单位		工地		日期		施工过程名称	开始时间 8：00	终止时间 10：14	延续时间 2h14min	页次
对象：运标准砖											

施工过程名称：人力双轮车运标准砖（运距25m）

时间精度：1s

号次	组成部分名称	时间	观察次数 1 min	1 s	2 min	2 s	3 min	3 s	4 min	4 s	5 min	5 s	6 min	6 s	7 min	7 s	8 min	8 s	9 min	9 s	10 min	10 s	时间整理 时间总和	观察次数	算术平均值	产品数量	备注
1	装车	终止时间	5	50	19	25	32	43	46	18	59	44	12	57	26	13	39	29	53	03	6	22					
		延续时间		350		360		345		353		348		347		351		340		355		352	3501	10	350.1		
2	运走	终止时间	6	50	20	26	33	41	47	19	0	43	13	55	27	15	40	29	54	02	7	24					
		延续时间		60		61		58		61		59		58		65		60		59		62	603	10	60.3		
3	卸车	终止时间	12	30	26	01	39	29	53	00	7	15	19	28	32	54	46	12	59	33	12	58				每车运100块标准砖	
		延续时间		340		335		348		341		332		333		339		343		331		334	3376	10	337.6		
4	空回	终止时间	13	25	26	58	40	25	53	56	7	10	20	22	33	49	47	08	0	30	13	53					
		延续时间		55		57		56		56		55		54		55		56		57		55	556	10	55.6		
																							合计		803.6		

3.2.2 测时法的观察次数

对施工过程进行测时，观测次数的多少直接影响测时资料的精确度。因此，如何确定必要的观察次数，是一个需要研究解决的问题。

实践证明，在使用测时法时，尽管选择了比较正常的施工条件，但所测得的时间数列中，各组成部分的延续时间总是不会完全相等。这种偏差主要是由于施工过程中各种因素共同作用造成的。因此，在测时过程中需要解决一个实际问题，就是每组观察对象中各组成部分应观察多少次才能取得比较准确的数值。一般来说，观察的次数越多，资料的准确性越高，但花费的时间和人力也多。为了确定必要而又能保证测时资料准确性的观察次数，我们提供了测时所必需的观察次数表（见表 3-6）和有关精确度的计算方法，可供测定过程中检查所测次数是否满足需要。

测时法观察次数表　　　　　　　　　　　　　　　　　表 3-6

精度要求 观察次数 稳定系数 K_p	算术平均值精确度 E（%）				
	5 以内	7 以内	10 以内	15 以内	20 以内
1.5	9	6	5	5	5
2.0	16	11	7	5	5
2.5	23	15	10	6	5
3.0	30	18	12	8	6
4.0	39	25	15	10	7
5.0	47	31	19	11	8

表中稳定系数　　$K_p = \dfrac{t_{max}}{t_{min}}$

式中　t_{max}——最大观测值；

　　　t_{min}——最小观测值。

算术平均值精确度计算公式为：$E = \pm \dfrac{1}{\bar{x}} \sqrt{\dfrac{\sum \Delta^2}{n(n-1)}}$

式中　E——算术平均值精确度；

　　　$\bar{x}$——算术平均值；

　　　n——观测次数；

　　　Δ——每一次观测值与算术平均值的偏差；

$$\sum \Delta^2 = \sum_{i=1}^{n} (x_i - \bar{x})^2$$

【例 3-1】根据表 3-4 所测数据，试计算该施工过程的算术平均值，算术平均值精确度和稳定系数，并判断观测此数是否满足要求。

解：（1）吊装大型层面板挂钩

$$\bar{x} = \frac{1}{9}(31 + 32 + 33 + 32 + 30 + 33 + 33 + 33 + 32) = 32.1$$

$$\sum \Delta^2 = (31-32.1)^2 + (32-32.1)^2 + (33-32.1)^2 + (32-32.1)^2 + (30-32.1)^2$$
$$+ (33-32.1)^2 + (33-32.1)^2 + (33-32.1)^2 + (32-32.1)^2$$
$$= 1.21 + 0.01 + 0.81 + 0.01 + 4.41 + 0.81 + 0.81 + 0.81 + 0.01$$
$$= 8.89$$

$$E = \pm \frac{1}{32.1} \sqrt{\frac{8.89}{9(9-1)}} = \pm 1.09\%$$

$$K_p = \frac{33}{30} = 1.10$$

查表 3-6 可知，观察次数满足要求。

（2）上升回转

$$\overline{x} = \frac{1}{10}(84+83+82+86+83+84+85+82+82+86)$$
$$= 83.7$$
$$\Delta^2 = (84-83.7)^2 + (83-83.7)^2 + (82-83.7)^2 + (86-83.7)^2$$
$$+ (83-83.7)^2 + (84-83.7)^2 + (85-83.7)^2 + (82-83.7)^2$$
$$+ (82-83.7)^2 + (86-83.7)^2$$
$$= 0.09 + 0.49 + 2.89 + 5.29 + 0.49 + 0.09 + 1.69 + 2.89 + 2.89 + 5.29$$
$$= 22.1$$

$$E = \pm \frac{1}{83.7} \sqrt{\frac{22.1}{10(10-1)}} = \pm 0.59\%$$

$$K_p = \frac{86}{82} = 1.05$$

查表 3-6 可知，观测次数满足要求。

（3）下落就位

$$\overline{X} = \frac{1}{9}(56+54+55+57+57+56+57+56+54)$$
$$= \frac{1}{9} \times 502 = 55.8$$
$$\Delta^2 = (56-55.8)^2 + (54-55.8)^2 + (55-55.8)^2 + (57-55.8)^2$$
$$+ (57-55.8)^2 + (56-55.8)^2$$
$$+ (57-55.8)^2 + (56-55.8)^2 + (54-55.8)^2$$
$$= 0.04 + 3.24 + 0.64 + 1.44 + 1.44 + 0.04 + 1.44 + 0.04 + 3.24$$
$$= 11.56$$

$$E = \pm \frac{1}{55.8} \sqrt{\frac{11.56}{9(9-1)}} = \pm 0.72\%$$

$$K_p = \frac{57}{54} = 1.06$$

查表 3-6 可知，观测次数满足要求。

（4）脱钩

$$\overline{x} = \frac{1}{10}(41+43+40+41+39+42+42+38+41+41) = 40.8$$

$$\Delta^2 = (41-40.8)^2 + (43-40.8)^2 + (40-40.8)^2 + (41-40.8)^2$$

$$+ (39-40.8)^2 + (42-40.8)^2 + (42-40.8)^2 + (38-40.8)^2$$
$$+ (41-40.8)^2 + (41-40.8)^2$$

$$= 0.04 + 4.84 + 0.64 + 0.04 + 3.24 + 1.44 + 1.44 + 7.84 + 0.04 + 0.04$$

$$= 19.6$$

$$E = \pm \frac{1}{40.8} \sqrt{\frac{19.6}{10(10-1)}} = \pm 1.14\%$$

$$K_p = \frac{43}{39} = 1.10$$

查表 3-6 可知，观测次数满足要求。

（5）空钩回转

$$\bar{x} = \frac{1}{10}(50+49+48+49+51+50+50+48+49+48) = 49.2$$

$$\varDelta^2 = (50-49.2)^2 + (49-49.2)^2 + (48-49.2)^2 + (49-49.2)^2$$
$$+ (51-49.2)^2 + (50-49.2)^2 + (50-49.2)^2 + (48-49.2)^2$$
$$+ (49-49.2)^2 + (48-49.2)^2$$

$$= 0.64 + 0.04 + 1.44 + 0.04 + 3.24 + 0.64 + 0.64 + 1.44 + 0.04 + 1.44$$

$$= 9.60$$

$$E = \frac{1}{49.2} \sqrt{\frac{9.60}{10(10-1)}} = \pm 0.66\%$$

$$K_p = \frac{51}{48} = 1.06$$

查表 3-6 可知，观测次数满足要求。

3.2.3 测时数据的整理

测时数据的整理，一般可采用算术平均法。对测时数列中个别延续时间误差较大的数值，在整理测时数据时可进行必要的清理，删去那些显然是错误以及误差很大的数值。

在清理测时数列时，应首先删掉完全是由于人为因素影响而出现的偏差，如工作时间处理其他事项、材料供应不及时造成的等候、测定人员记录时间的疏忽等，应全部予以删除。

其次，应去掉由于施工因素的影响而出现的偏差极大的延续时间。如手压刨刨料碰到节疤较多的木板；挖土机挖土时，挖斗的边齿刮到大石块上等。此类误差大的数值还不能认为完全无用，可作为该项施工因素影响的资料，进行专门研究。

清理误差较大的数值时，不能单凭主观想象，也不能预先规定出偏差的百分比。为了妥善清理这些误差，可参照调整系数表（见表 3-7）和误差极限算式进行。

误差调整系数表　　　　　　　　　　　　　　　　　　　　表 3-7

观察次数	调整系数	观察次数	调整系数
5	1.3	11～15	0.9
6	1.2	16～30	0.8
7～8	1.1	31～53	0.7
9～10	1.0	53 以上	0.6

极限算式为：

$$\lim_{\max} = \overline{X} + K(t_{\max} - t_{\min})$$
$$\lim_{\min} = \overline{X} - K(t_{\max} - t_{\min})$$

式中　$\lim_{\max}$——最大极限；

$\quad\quad \lim_{\min}$——最小极限；

$\quad\quad K$——调整系数（由表 3-7 查用）。

清理的方法是，首先从数列中删去人为因素影响而出现的误差极大的数值，然后根据保留下来的测时数列值，试抽去误差极大的可疑数值，用表 3-7 和极限算式求出最大极限或最小极限，最后再从数列中抽去最大或最小极限之外误差极大的可疑数值。

例如，从表 3-4 中号次 1 挂钩组成部分测时数列中的数值为 31、32、33、32、43、30、33、33、33、32，在这个数列中误差大的可疑数值为 43。根据上述方法，先抽去 43 这个数值，然后用极限算式计算其最大极限。计算过程如下：

$$\overline{X} = \frac{31 + 32 + 33 + 32 + 30 + 33 + 33 + 33 + 32}{9} = 32.1$$

$$\lim_{\max} = \overline{X} + K(t_{\max} - t_{\min})$$
$$= 32.1 + 1.0 \times (33 - 30)$$
$$= 35.1$$

由于 43＞35.1，显然应该从数列中抽去可疑数值 43。因此，所求算术平均修正值为 32.1。

如果一个测时数列中有两个误差大的可疑数值时，应从最大的一个数值开始连续校验（每次只能抽出一个数值）。测时数列中如果有两个以上可疑数值时，该数列应予放弃，重新进行观测。

测时数列经过整理后，将保留下来的数值计算出算术平均值，填入测时记录表的算术平均值栏内，作为该组成部分在相应条件下所确定的延续时间。

测时记录表中的"时间总和"栏与"循环次数"栏，亦应按清理后的合计数填入。

3.3　写实记录法

写实记录法是技术测定的方法之一。它可以用来研究所有性质的工作时间消耗。包括基本工作时间、辅助工作时间、不可避免中断时间、准备与结束工作时间、休息时间以及各种损失时间。

通过写实记录可以获得分析工作时间消耗和制定定额时所必需的全部资料。该方法比较简单，易于掌握，并能保证必要的精确度。因此，写实记录法在实际工作中得到广泛应用。

写实记录法分为个人写实记录和小组写实记录两种。由个人单独操作或产品数量可单独计算时，采用个人写实记录。如果由小组集体操作，而产品数量又无法单独计算时，可采用小组写实记录。

写实记录法记录时间的方法有数示法、图示法和混合法三种。计时工具采用有秒针的普通计时表即可。

3.3.1 数示法

数示法是直接采用数字记录时间的方法。这种方法可同时对两个以内的工人进行测定。该方法适用于组成部分较少且比较稳定的施工过程。

数示法的填表方法为：

(1) 将拟定好的所测施工过程的全部组成部分，按其操作的先后顺序填写在第②栏中，并将各组成部分的编号依次填入第一栏内（见表3-8）。

(2) 第③栏填写工作时间消耗的组成部分的号次，其号次应根据第①、②栏的内容填写，测定一个填写一个。

(3) 第④、⑤栏中，填写每个组成部分的起止时间。

(4) 第⑥栏应在观察结束之后填写，将某一组成部分的终止时间减去前一组成部分的终止时间即得到该组成部分的延续时间。

(5) 第⑦、⑧栏分别填入该组成部分的计量单位和产量。

(6) 第⑨栏填写有关说明和实际完成的总产量。

数示法写实记录表　　　　　　　　　　　　　　　　　表 3-8

观察者：

工程名称		开始时间		延续时间		调查号次	
施工单位		结束时间		记录时间		页次	

施工过程：双轮车运土方（运距 200m）						观察对象：李××		

号次	组成部分名称	组成部分号次	起止时间		延续时间	完成产量		附注
			时-分	秒		计量单位	算量	
①	②	③	④	⑤	⑥	⑦	⑧	⑨
1	装土	×	8-20	0				
2	运输	1	22	50	2′50″	m³	0.288	
3	卸土	2	26	0	3′10″	次	1	
4	空返	3	27	20	1′20″	m³	0.288	
5	等候装土	4	30	0	2′40″	次	1	
6	喝水	5	31	40	1′40″			
		1	35	0	3′20″			每次产量：
		2	38	30	3′30″			$V=$每次容积
		3	39	30	1′0″			$=1.2×0.6×0.4$
		4	42	0	2′30″			$=0.288$m³
		1	45	10	3′10″			共运 4 车
		2	47	30	2′20″			$0.288×4=1.152$m³
		3	48	45	1′15″			注：按松土计算
		4	51	30	2′45″			
		1	55	0	3′30″			
		2	58	0	3′0″			
		3	59	10	1′10″			
		4	9-02	05	2′55″			
		6	03	40	1′35″			
	小计				43′40″			

3.3.2　图示法

图示法是用表格划不同类型线条的方式来表示完成施工过程所需时间的方法。该方法适用于观察 3 个以内的工人共同完成某一产品施工过程，与数示法相比具有记录时间简便、明了的优点。

图示法写实记录表的填写方法见表 3-9。

表 3-9 绘图线部分划分为许多小格，每格为 1min，每张表可记录 1h 的时间消耗。为了记录方便，每 5 个小格和每 10 个小格都有长线和数字标记。

表 3-9 中的号次和各组成部分名称栏内，按所测施工过程组成部分出现的先后顺序填写，以便记录时间的线段相连接。

记录时间时，用铅笔或有色笔在各组成部分相应的横行中画直线段，每个工人一条线，每一线段的始末端，应与该组成部分的开始时间和终止时间相符合。工作一分钟，直线段延伸一个小格，测定两个或两个以上的工人工作时，最好使用粗、细线段或不同颜色的笔画线段，以便区分各个工人的工作时间。当工人的操作由某组成部分转入到另一组成部分时，时间线段亦应随时改变其位置，并将前一线段的末端划一垂直线与后一线段的始端相连接。

产品数量栏，按各组成部分的计量单位和所完成的产量填写。

附注栏应简明扼要地说明影响因素和造成非定额时间产生的原因。

时间小计栏，在观察结束后，及时将每一组成部分所消耗的时间累加求和后填入。最后将各小计累加求和后填入合计栏内。

3.3.3　混合法

混合法写实记录时间是吸取了数示法和图示法的优点而设计的一种测时方法。该方法的特点是：用图示法表格记录施工过程各组成部分的延续时间，而完成每一组成部分的工人人数则用数字表示。

混合法适用于同时观察 3 个及 3 个以上工人工作时的集体写实记录。其优点是比较经济、简便。

混合法记录时间应采用混合法写实记录表，其填表方法见表 3-10。

表 3-10 中号次和各组成部分的名称栏中内容的填写方法与图示法相同。所测施工过程各组成部分的延续时间，用相应的直线段表示，完成该组成部分的工人人数用数字填写在该时间段直线的上面。当某一组成部分的工人人数发生变化时，应立即将变动后的人数填在线段表示部位的变动处。

应该注意，当某一组成部分的工人人数发生变动时，必然会引起另一组成部分或数个组成部分中工人人数的变动。

因此，在观察过程中，应随时核对各组成部分在同一时间内的工人人数，是否等于观察对象的总人数，如发现人数不符时，应立即纠正。

应该说明：混合法记录时间，不论测定多少工人的工作时间，在所测施工过程各组成部分的时间栏内，只用一条直线表示。当工人由某组成部分转向另一组成部分时，不作垂直线连接。

产品数量和附注栏的填写方法同图示法。

图示法写实记录表

表3-9

工地名称	×××		开始时间	8:00		延续时间	1h		调查号次	页次
施工单位	×××		终止时间	9:00		记录日期	2018年7月5日			1
施工过程	砌1砖厚单面清水墙		观察对象	张×× (四级工)、王×× (三级工)						

导次	各组成部分名称	时间（min）图示	时间小计（min）	产品数量	附注
1	挂线		12		
2	铲灰浆		22		
3	铺灰浆		27		
4	摆砖、砍砖		28		
5	砌砖		31	0.48m³	
	合计		120		

观察者：

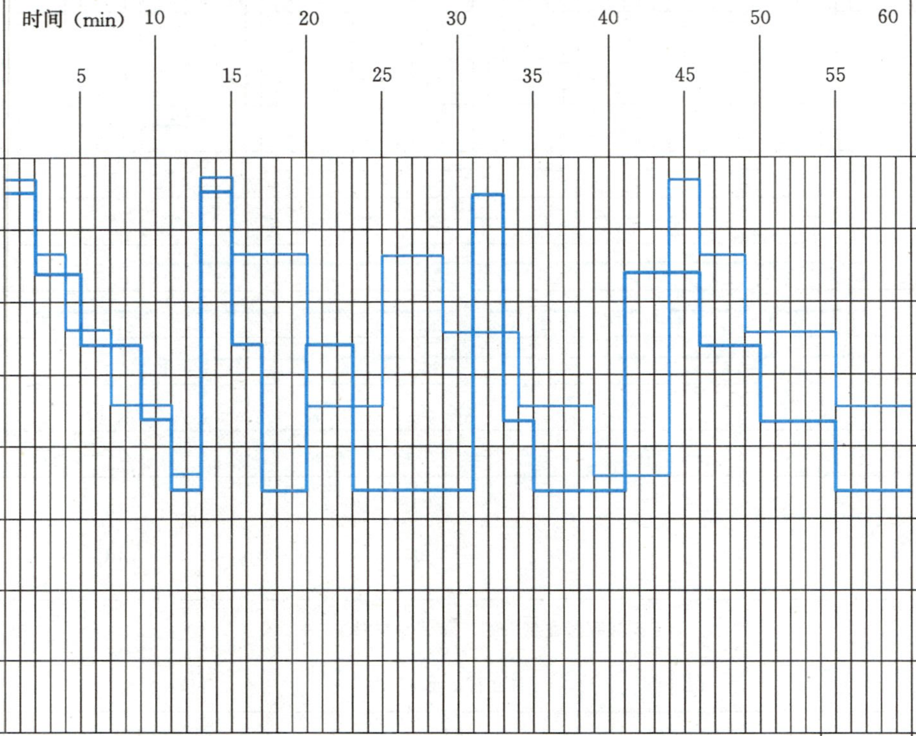

表 3-10

混合法写实记录表

观察对象：砖工	施工单位名称	日期	开始时间	终止时间	延续时间	页次
六级工1人、四级工1人、三级工3人	×××	2018年7月5日	8：00	9：00	1h	××

工作过程名称：砌一砖标准砖墙

号次	各组成部分名称	时间小计	产品数量	附注
1	挂线	6	完成产品数量按半个工作班计算 8.45m³	ⓐ因运灰浆耽误的停工时间
2	铲灰浆	6		
3	铺灰浆	40		
4	摆砖、砍砖	48		
5	砌砖	115		ⓑ小组工人迟到5min
6	工作转移	17		
7	休息	18		
8	施工本身停工	25		
9	违反劳动纪律	25		
	合计	300		

观察： 复核：

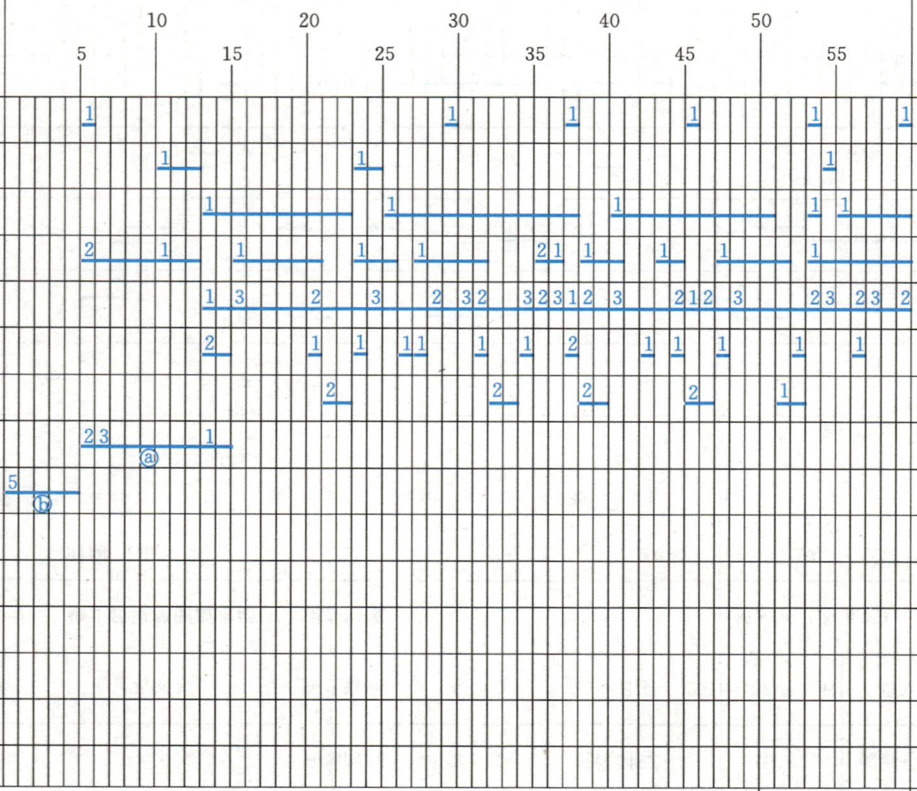

混合法写实记录表整理数据时，应将所测施工过程每一组成部分中各个线段的时间分别计算出来，即将工人人数与他们的工作时间相乘，然后将所得各值相加，求出某一组成部分的时间消耗小计，填入时间小计栏内。最后将各组成部分的时间小计求和后，填入合计栏内。

3.4　工作日写实法

工作日写实法，是对工人在整个工作日中的工时利用情况，按照时间消耗的顺序，进行实地观察、记录和分析研究的一种测定方法。它可以为制定人工定额提供必要的准备与结束工作时间、休息时间和不可避免的中断时间等资料。

工作日写实法的主要作用是，在详细调查工时利用情况的基础上，分析哪些时间消耗对生产是有效的，哪些时间消耗是无效的，进而找出工时损失的原因，拟定改进的技术和组织措施，消除引起工时损失的因素，促进劳动生产率的提高，同时为编制定额提供基础资料。

工作日写实法，按写实的对象不同，可分为个人工作日写实、小组工作日写实和机械工作日写实。

小组工作日写实是测定一个小组的工人在工作日内的工时消耗，它可以是相同工种的工人，也可以是不同工种的工人。前者是为了取得同工种工人的工时消耗资料；后者是为了取得小组定额和改善劳动组织的资料。机械工作日写实是测定某一机械在一个台班内机械效能发挥的程度，以及配合工作的劳动组织是否合理，其目的在于最大限度地发挥机械的效能。

3.4.1　工作日写实法的基本要求

1. 因素登记

由于工作日写实主要研究工时利用和损失时间，不按工序研究基本工作时间和辅助工作时间的消耗。因此，在填写因素登记表时，应对施工过程的组织和技术进行简单说明。

2. 时间记录

个人工作日写实采用图示法记录时间；小组工作日写实采用混合法记录时间；机械工作日写实采用混合法或数示法记录时间。

3. 延续时间

工作日写实法以一个工作日为准，如其完成产品的时间消耗大于 8 小时，则应酌情延长观察时间。

4. 观察次数

工作日写实法的观察次数，应根据不同的目的要求确定。一般来说，如为了总结先进工人的工时利用经验，应测定 1～2 次；为了掌握工时利用情况或制定定额，应测定 3～5 次；为了分析造成损失时间的原因，改进施工管理，应测定 1～3 次。这样，才能取得所需的有价值的资料。

3.4.2　工作日写实记录结果的整理

工作日写实记录的结果，采用专门的工作日写实结果表（见表 3-11、表 3-12）。

表 3-11 中，工时消耗分类栏，按定额时间和非定额时间分类预先印好。施工过程中

的问题与建议栏，应根据工作日写实记录资料，分析造成非定额时间的有关因素，提出切实可行、有效的技术与组织措施的建议。在研究和拟定具体措施时，要注意听取有关技术人员、施工管理人员和工人的意见，尽可能使改进意见符合客观实际情况。

工作日写实结果表 表 3-11

施工单位名称	测定日期	延续时间	调查号次	页　次
	2018 年 8 月 3 日	8h30min	1	2
施工过程名称	钢筋混凝土直形墙模板安装			

工时消耗表

序号	工时消耗分类	时间消耗	百分比	施工过程中的问题与建议
	Ⅰ. 定额时间			
1	基本工作时间：适用于技术水平的	1128	73.73	
2	不适于技术水平的	—		
3	辅助工作时间	51	3.33	
4	准备与结束时间	16	1.05	
5	休息时间	11	0.72	本资料造成非定额时间的原因主要是：
6	不可避免的中断时间	8	0.52	1. 劳动组织不合理，开始一个小时由 3 人操作，后 7.50h 由 4 人操作，在实际工作中经常出现一人等工的现象；
7	合计	1214	79.35	
	Ⅱ. 非定额时间			2. 等材料，上班后领料时未找到材料员而造成等工；
8	由于劳动组织的缺点而停工	18	1.18	3. 产品不符合要求返工，由于技术要求马虎，工人对产品规格要求也未真正弄清楚，结果造成返工；
9	由于缺乏材料而停工	104	6.80	
10	由于工作地点未准备好而停工	—		
11	由于机具设备不正常而停工	—		4. 违反劳动纪律，主要是上班迟到和工作时间聊天。
12	产品质量不符合要求返工	128	8.36	建议：
13	偶然停工（包括停电、水、暴风雨）	—		切实加强施工管理工作，上班前要认真做好技术交底；职能人员要坚守工作岗位，保证材料及时供应，并应预先办好领料手续，提前领料；科学地按定额规定安排劳动力，加强劳动纪律教育，按时上班，集中精力工作。
14	违反劳动纪律	66	4.31	
15	其他损失时间	—		
16	合计	316	20.65	
17	时间消耗总计	1530	100.00	

完成定额情况

定额编号	§8-4-45	完成产品数量	53.15m²
定额工时	单位	0.51 工日/10m²	
	总计	2.71	
完成定额情况	实际：$\dfrac{2.71\times8\times60}{1530}\times100\%=85.02\%$		
	可能：$\dfrac{2.71\times8\times60}{1214}\times100\%=107.15\%$		

经认真改善后，劳动效率可提高 26% 左右

工作日写实结果汇总表   表 3-12

施工单位名称				工种	木工	
测定日期	2018 年 8 月 3 日	2018 年 6 月 2 日	2018 年 6 月 7 日	2018 年 7 月 2 日	加权平均值	备注
延续时间	8.5h	8h	8h	8h		
工作名称	安墙模	安基础模	安杯基模	安杯基模		
班（组）长姓名	赵××	潘××	朱××	李××		
班（组）人数	3 人	2 人	3 人	4 人		

序号	工时消耗分类	时间消耗百分比（%）					备注
	Ⅰ. 定额时间						
1	基本工作时间：适于技术水平	73.73	75.91	62.80	91.22	77.19	
2	不适于技术水平	—	—	—	—	—	
3	辅助工作时间	3.33	1.88	2.35	1.48	2.23	
4	准备与结束时间	1.05	1.90	2.60	0.56	1.42	
5	休息时间	0.72	3.77	2.98	4.18	2.95	
6	不可避免中断时间	0.52	—	—	—	0.12	
7	合计	79.35	83.46	70.73	97.44	83.91	
	Ⅱ. 非定额时间						
8	由于劳动组织的缺点而停工	1.18	7.74	—	—	1.59	
9	由于缺乏材料而停工	6.80	—	12.40	—	4.80	
10	由于工作地点未准备好而停工	—	3.52	5.91	—	2.06	
11	由于机具设备不正常而停工	—	—	—	—	—	
12	偶然停工（停电、停水、暴风雨）	—	—	3.24	—	0.81	
13	产品质量不符合要求返工	8.36	5.28	—	1.60	3.50	
14	违反劳动纪律	4.31	—	7.72	0.96	3.33	
15	其他损失时间						
16	合计	20.65	16.54	29.27	2.56	16.09	
17	消耗时间总计	100.00	100.00	100.00	100.00	100.00	
完成定额百分比	实际（包括损失）	85.02%	112%	84%	123%	101.92%	
	可能（不包括损失）	107.15%	129%	118%	126%	119.79%	

工作日写实结果表的主要内容填写步骤为：

（1）根据观测资料将定额时间和非定额时间的消耗（以分为单位）填入时间消耗栏内，并分别合计和总计；

（2）根据各定额时间和非定额时间的消耗量和时间总消耗量分别计算各部分的百分比；

（3）将工作日内完成产品的数量统计后，填入完成情况表中的完成产品数量栏内；

（4）查用人工定额编号和内容，将定额工时消耗量填入定额工时的单位栏内；

（5）根据完成产品数量和定额的单位用量计算总工时消耗量；

（6）根据定额总工时消耗量和实际工时消耗量计量完成定额情况；

（7）将施工过程中的问题与建议填入表内。

表中加权平均值的计算方法为：

$$\overline{X} = \frac{\Sigma R \cdot P}{\Sigma R}$$

式中　$\overline{X}$——加权平均值；

　　　R——各工作日写实结果表中的人数；

　　　P——各类工时消耗百分比。

【例 3-2】 表 3-12 中，各工作日写实结果汇总中的人数分别为 3、2、3、4 人，基本工作时间消耗的百分率为 73.73％、75.91％、62.80％、91.22％，求加权平均百分率。

解： $\overline{X} = \dfrac{\Sigma R \cdot P}{\Sigma R}$

$$= \frac{3 \times 73.73\% + 2 \times 75.91\% + 3 \times 62.80\% + 4 \times 91.22\%}{3+2+3+4}$$

$$= 77.19\%$$

3.5　简 易 测 定 法

所谓简易测定法，就是对前述几种测定方法予以简化，但仍然保持了现场实地观察记录的基本原则。它的特点是：方法简便，易于掌握，花费人力少。该方法在为了掌握某工种的定额完成情况，制定企业补充定额时经常采用。简易测定法的不足之处是精确度较低。

3.5.1　时间记录

简易测定法采用混合法表格的格式记录时间消耗（见表 3-13），表 3-13 中，每一小格为 15min，每一横行可记录 10 个小时。每张表可以对同一施工过程测 3～4 次。表 3-13 中因素说明栏的主要内容是：工作内容、操作方法、使用机具、使用材料、产品特征和质量情况、劳动态度以及造成损失时间的原因等。

简易测定记录表

表3-13

施工单位名称	工程名称	工种	工作队（小组）长姓名及情况	页次
×××	手工木作工程	木工	一般	1

日期	调查号次	延续时间	施工过程名称	小组成员	工时类别	消耗工时（每小格15min）8:00～18:00	总计（工时）	单位	完成产品数量
01.12.20	1	6h 15min	窗框安装（周长6m以内）	五-1 四-1			10.25	樘	25
							2.25		
01.12.20	2	7h 30min	同上	五-1 四-1			12.25	樘	28
							2.75		
01.12.20	3	6h 30min	同上	五-1 四-1			10.5	樘	23
							2.5		

41

3.5.2 简易测定结果汇总

简易测定结果表（见表 3-14）的填写方法为：

1. 表 3-14 中施工日期、劳动组织、完成产品数量、工时消耗等栏，均按简易测定记录表中的内容填写。

2. 工时消耗栏中，包括损失的消耗是指 2 个工人消耗的全部时间，不包括损失的消耗是指简易测定记录表中总计工时消耗。

3. 单位产品所需时间栏中，实际时间根据"包括损失时间"除以产品数量求得，可能时间根据"不包括损失时间"除以产品数量求得，"现行定额"根据查劳动定额"§16-3-54"的定额数据取得。

4. 单位产品内所需时间栏内，"实际"时间 $0.668＝（0.624＋0.671＋0.709）÷3$；"可能"时间 $0.534＝（0.500＋0.536＋0.565）÷3$。

5. 完成定额情况栏中，"实际"百分比 $115.12\%＝0.769÷0.668$，"可能"百分比 $144.01\%＝0.769÷0.534$。

6. 工人讨论意见栏是根据工人讨论提出具体意见，并与现行定额比较后确定的数值。

7. 表 3-14 下方的汇总说明，主要是完成定额情况对比中有关工作内容及附加说明，工人讨论提高或降低定额水平的原因，测定人员对本资料的评价等。

简易测定结果汇总表

表 3-14

项目名称	窗框安装（6m 以内）			计量单位		定额编号
				10 樘		§16-3-54
施工日期	2020 年 12 月 1 日	2020 年 12 月 1 日	2020 年 12 月 1 日	结论		
劳动组织	五级工-1 四级工-1	五级工-1 四级工-1	五级工-1 四级工-1	调查次数		3
完成产品数量	2.5	2.8	2.3	单位产品内所需时间（工日）	实际	0.668
工时消耗（工日） 包括损失	1.56	1.88	1.63		可能	0.534
工时消耗（工日） 不包括损失	1.25	1.50	1.30	完成定额情况（%）	实际	115.12
单位产品所需时间（工日） 实际（包括损失）	0.624	0.671	0.709		可能	144.01
单位产品所需时间（工日） 可能（不包括损失）	0.500	0.536	0.565	工人讨论意见（工日）		0.769
单位产品所需时间（工日） 现行定额	0.769			比现实行定额提高或降低（%）		±0

说明：现行定额中包括钉护口条（不钉者不减工），但本资料工作内容中未钉护口条，超额幅度较大，所以工人在讨论中认为，现行定额水平比较符合实际，若不钉护口条者，可适当减工

制表者：

因素说明：

1. 本资料包括：摆放定位、吊正、找平、固定支撑等工作内容，未包括钉护口条。

2. 手工操作采用一般工具。

3. 实行计件工资制，劳动态度正常。

4. 质量合乎要求。

5. 损失时间主要是其他工作和闲谈。

3.6 提 升 与 导 学

3.6.1 提升

1. 技术测定法的由来

用技术测定法编制的定额，叫技术定额。

20 世纪 50 年代初，我国引进了苏联的预算定额管理体制、编制原理及编制方法，见图 3-1、图 3-2。技术测定法是苏联编制技术定额的科学方法。

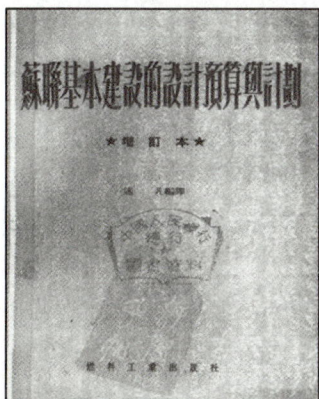

图 3-1 苏联预算定额管理制度

图 3-2 苏联技术定额原理与方法

2. 我国第一部预算定额

技术测定法来源于苏联，应用该方法编制了我国第一部预算定额（图 3-3），并且在应用中逐渐发展为符合国情的实用方法，例如编制的河南省预算定额见图 3-4。

图 3-3 1955 年国家建委颁发的预算定额

图 3-4 1959 年河南省颁发的预算定额

3. 施工过程与工作时间划分是为了取得定额测定数据

科学划分施工过程和工作时间是科学测定定额数据的前提条件，所以一定要掌握好该方法。

采用技术测定法主要获取两种数据：一是完成产品的工作时间；二是该工作时间内完成产品的数量。然后可以计算出单位时间内完成产品的产量（产量定额），如：m^3/工日；或者计算出完成单位产品所需的时间（时间定额），如：工日/m^3。

4. 技术测定手段与方法

（1）20世纪50年代技术测定使用的工具

机械秒表见图3-5，手摇机械计算机见图3-6。

图3-5　机械秒表　　　　　图3-6　手摇机械计算机

机械秒表用于记录工作时间；手摇机械计算机用于计算和分析定额时间。

（2）20世纪后期技术测定使用的工具

电子秒表见图3-7；电子计算器见图3-8；照相机和摄像机见图3-9。

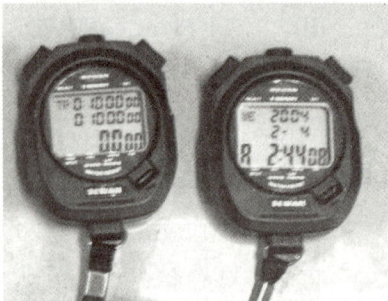

图3-7　电子秒表　　　　　图3-8　电子计算器

图3-9　照相机和摄像机

根据照相机和摄像机的图片和影像，确定定额内的工作时间。

（3）21 世纪技术测定使用的工具

Kinect 是一款人工智能摄像机（见图 3-10），具有立体视觉，能结合计算机编程感知并理解世界。

通过 Kinect 能够获取工人劳动操作的深度信息，判断工人的工作位置，记录骨骼节点运动轨迹，将获得的人体不同部位肢体动作图像换为数字化信息，然后应用计算机程序（见图 3-11）分析定额时间，并计算出定额时间和产品数量。

Kinect 是技术测定人工定额数据，编制技术定额的现代化、智能化工具。

图 3-10　Kinect 人工智能摄像机　　　　图 3-11　计算机程序处理人体骨骼数据

3.6.2　导学

1. 客观记录时间是获取定额数据的最佳方法

客观记录时间是反映时代劳动者技能、当代技术装备和劳动对象水平，获取定额时间的科学方法。

2. 拟定正常工作环境是技术测定的前提条件

定额时间往往是反映具有代表性的典型工作时间，典型工作时间必须在正常工作环境下获取。因此，拟定正常的工作环境是测定定额时间的重要基础，也是获取典型定额时间的前提条件。所以需要对测定对象的环境进行事先梳理，排除各种影响因素。

3. 工序确认是技术测定的重要环节

不管是测定前还是测定后，需要对测定对象的工序进行确认。测定前排除多余的动作；测定后扣除不必要的时间。对工序进行确认是技术测定法的重要环节。

4. 须做好班组工人的思想工作

要充分讲清楚测定定额的目的和意义。人的要素是定额管理工作的最重要因素，记录好工作时间和完成产品的数量，是提高劳动生产率，推进企业发展，进而惠及职工的必要举措；是总结和推广先进生产者工作方法的科学手段。工人是工业革命现代化大生产的主体和主人，只有充分认识到上述因素，才能发挥班组工人正常工作热情和主动性，才能取得平均先进水平的定额数据。

5. 运用概率统计方法整理与分析定额数据的重要性

运用此类方法可以剔除由于各种影响因素导致的不正常时间；可以判断记录时间多少次才能够满足获取定额数据的要求；可以判断记录数据的误差值等。该方法是确定定额数据的科学方法，掌握该方法意义重大。

6. 技术测定法之间关系及作用

技术测定法包括以下几种方法（见图 3-12）：

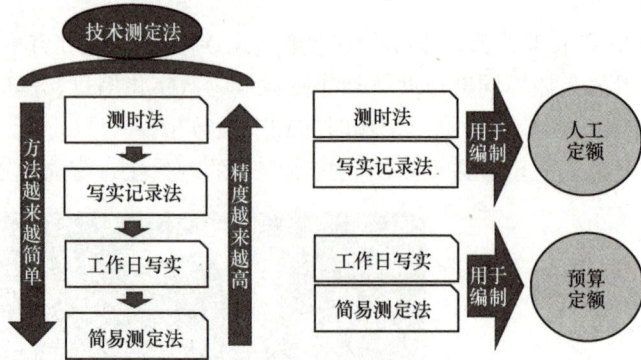

图 3-12　技术测定法的精度及数据应用

从测时法到简易测定法，方法越来越简单，反之精度越来越高。

由于测时法和写实记录法是按工序为对象测定和记录的工作时间，所以其获得的数据较适合于编制人工定额；其他两种方法获得的数据比较适合用于编制要素定额。

上述 4 种方法的核心内容是记录测定工作过程的工作时间。

复 习 思 考 题

1. 技术测定法的准备工作有哪些？
2. 如何确定各工序之间的"定时点"？
3. 测时法适合测定什么施工过程的时间定额？
4. 接续选择测时法适合测定什么施工过程的时间定额？
5. 如何验证测时法的观察次数？
6. 如何整理测时法获取的数据？
7. 简述"图示法"获取定额数据的方法。
8. 混合法适用于什么情况下的定额数据写实记录？
9. 通过写实记录法可以获得哪几个方面的客观数据？
10. 如何整理工作日写实记录结果？
11. 简述简易测定法特点。

4　定额材料消耗量理论计算法

![知识点]

掌握标准砖墙体材料用量计算方法；掌握砌块墙材料用量计算方法；掌握装饰块料用量计算方法；熟悉砂浆配合比用量计算方法；熟悉石膏灰浆配合比用量计算方法。

![技能点]

会计算 240mm 厚标准砖墙体材料用量；会计算 200mm 厚空心砌块墙材料用量；会计算地砖用量；会计算石膏板天棚用量。

![课程思政]

屠呦呦是第一位获得诺贝尔医学奖的中国科学家。她是中国中医科学院中药研究所优秀共产党员的杰出代表，历年来曾被评为"全国先进工作者""全国三八红旗手标兵"等称号。40 多年来，她全身心投入严重危害人类健康的世界性流行疾病疟疾的防治研究，默默耕耘、无私奉献，为人类健康事业作出了巨大贡献。作为新时代职业院校学生，同学们也应立足专业，开拓进取，掌握过硬本领，成为大国工匠。在未来，为行业和国家做出贡献。

4.1　砌体材料用量计算

4.1.1　标准砖墙体材料用量计算

标准砖墙体材料用量计算包括标准砖用量和砌筑砂浆用量计算。

1. 墙体标准砖用量计算

（1）计算公式

$$每立方米墙体标准砖净用量（块）= \frac{2 \times 墙厚的砖数}{墙厚 \times （砖长 + 灰缝） \times （砖厚 + 灰缝）}$$

由于标准砖尺寸为 240mm×115mm×53mm，当灰缝取定为 10mm 时，上式可以写成：

$$每立方米墙体标准砖净用量（块）= \frac{2 \times 墙厚的砖数}{墙厚 \times （0.24 + 0.01） \times （0.053 + 0.01）}$$

（2）计算公式解读

上述计算公式的物理意义如何理解呢？下面我们将公式分解后做进一步解读。

第一步，公式中分母"墙厚×0.24×0.63"的含义，表达了在砌体中包含灰缝的，具有代表性的"标准块"体积，240mm 厚砖墙的标准块示意图见 4-1。标准块是指构成砌体的基本块。

第二步，确定一立方米砌体有多少这样的标准块，计算方法是：$\dfrac{1\mathrm{m}^3}{\text{墙厚}\times 0.25\times 0.063}$。

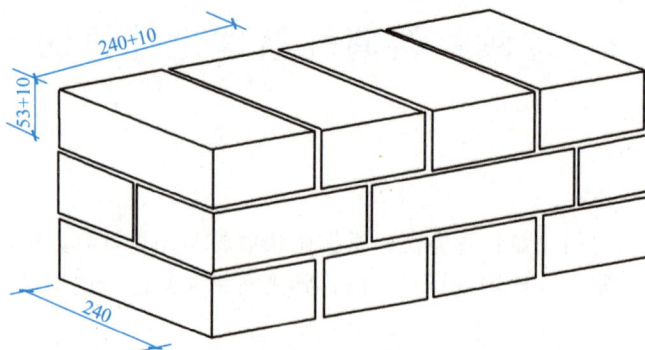

图 4-1 标准砖墙标准砖块示意图

第三步，确定每个标准块中有几块标准块。因为墙厚不同时，每个标准块中标准砖的数量是不同的，常见墙厚的标准块中标准砖数量见表 4-1。

常见墙厚的标准块中标准砖数量   表 4-1

墙厚（mm）	115	180	240	365	490
标准块中标准砖数量	1	1.5	2	3	4

例如，当墙厚为 240mm 时，每个标准块的标准砖数量为 2 块，则每立方米砌体中标准砖数量为：

$$\frac{1\mathrm{m}^3}{\text{墙厚}\times 0.25\times 0.063}\times\text{标准块中转的数量}=\frac{1\mathrm{m}^3}{0.24\times 0.25\times 0.063}\times 2=529.1\ \text{块/m}^3$$

第四步，通过分析可知，不同墙厚标准块中标准砖的数量与标准砖的长度有关，也就是说，可以用标准砖的长度来表达墙厚。例如，115mm 厚砖墙的墙厚是标准砖的长度的一半，称为半砖墙；180mm 厚砖墙的墙厚是标准砖长度的 0.75 倍，称为 3/4 砖墙；240mm 厚砖墙的墙厚是一个标准砖长度，称为一砖墙，诸如此类。

这时，用砖长来表示墙厚，就可以用该方法将不同墙厚的标准块中标准砖的数量表达为墙厚的砖数，其对应关系见表 4-2。

墙厚的砖数表达说明表   表 4-2

墙厚（mm）	115	180	240	365	490
墙厚的砖数	0.5	0.75	1.0	1.5	2.0
标准块中标准砖数量（墙厚的砖数×2）	1.0	1.5	2.0	3.0	4.0

将这一表达方式代入公式就成为：

$$\text{每立方米墙体标准砖净用量（块）}=\frac{1\mathrm{m}^3}{\text{墙厚}\times 0.25\times 0.063}\times\text{标准块中砖数}$$

$$=\frac{1\mathrm{m}^3}{\text{墙厚}\times 0.25\times 0.063}\times 2\times\text{墙厚的砖数}$$

$$=\frac{2\times\text{墙厚的砖数}}{\text{墙厚}\times 0.25\times 0.063}$$

（3）计算实例

【例 4-1】计算一立方米 365mm 厚标准砖墙的砖净用量（灰缝为 10mm）。

解：每立方米一砖半厚墙体标准砖净用量（块）$= \dfrac{2 \times 1.5}{0.365 \times 0.25 \times 0.063}$

$\qquad\qquad\qquad\qquad\qquad\qquad\quad = 521.9$ 块

2. 标准砖墙砌筑砂浆用量计算

（1）计算公式

每立方米标准墙砌筑砂浆净用量（m³）$=1\text{m}^3$ 砌体-1m^3 砌体标准砖净体积

$\qquad\qquad\qquad\qquad\qquad\qquad\quad =1-0.24 \times 0.115 \times 0.053 \times$ 标准砖数量

$\qquad\qquad\qquad\qquad\qquad\qquad\quad =1-0.0014628 \times$ 标准砖数量

（2）计算实例

【例 4-2】分别计算 490mm 厚砖墙标准砖和砌筑砂浆净用量。

解：每立方米二砖厚墙体标准砖净用量（块）$= \dfrac{2 \times 2}{0.490 \times 0.25 \times 0.063} = 518.3$ 块

每立方米 490mm 厚标准墙砌筑砂浆净用量（m³）$=1\text{m}^3$ 砌体-1m^3 砌体标准砖净体积

$\qquad\qquad\qquad\qquad\qquad\qquad\qquad\qquad\quad =1-0.24 \times 0.115 \times 0.053 \times 518.3$

$\qquad\qquad\qquad\qquad\qquad\qquad\qquad\qquad\quad =0.242\text{m}^3$

4.1.2 砌块墙材料用量计算

砌块墙材料用量计算包括砌块用量和砌筑砂浆用量计算。

1. 墙体砌块用量计算

（1）计算公式

$$每立方米墙体砌块净用量（块）= \frac{标准块中砌块用量}{标准块（含灰缝）的体积}$$

$$= \frac{标准块中砌块用量}{墙厚 \times （砌块长 + 灰缝） \times （砌块厚 + 灰缝）}$$

（2）计算公式解读

上述墙体砌块用量计算公式的物理意义为：

第一步，变换上述公式：

$$每立方米墙体砌块净用量（块）= \frac{标准块中砌块用量}{墙厚 \times （砌块长 + 灰缝） \times （砌块厚 + 灰缝）}$$

$$= \frac{1\text{m}^3}{墙厚 \times （砌块长 + 灰缝） \times （砌块厚 + 灰缝）} \times 标准块中砌块用量$$

第二步，分母"墙厚 × （砌块长 + 灰缝） × （砌块厚 + 灰缝）"是构成墙体具有代表性的体积，即标准块体积；

第三步，"$\dfrac{1\text{m}^3}{墙厚 \times （砌块长 + 灰缝） \times （砌块厚 + 灰缝）}$"的含义是指，$1\text{m}^3$ 墙体中有多少个标准块；

第四步，求出 1m^3 墙体中有多少个标准块，再乘以每个标准块的砌块用量，就得出 1m^3 墙体中，砌块的总量。

（3）计算实例

【例 4-3】 计算砌块尺寸为 390mm×190mm×190mm，墙厚为 190mm 的混凝土空心砌块墙的砌块净用量（灰缝为 10mm）。

解：

$$每立方米墙体砌块净用量（块）= \frac{标准块中砌块用量}{墙厚×（砌块长＋灰缝）×（砌块厚＋灰缝）}$$

$$= \frac{1m^3}{墙厚×（砌块长＋灰缝）×（砌块厚＋灰缝）} ×标准块中砌块用量$$

$$= \frac{1}{0.19×（0.39＋0.01）×（0.19＋0.01）}$$

$$=65.8 \text{ 块}$$

2. 砌块墙中的砌筑砂浆用量

（1）计算公式

每立方米砌块墙砌筑砂浆净用量（m^3）＝$1m^3$ 砌体－$1m^3$ 砌体中砌块净用量体积

（2）计算实例

【例 4-4】 根据例 4-3 有关数据，计算 190mm 厚每立方米砌块墙砌筑砂浆净用量。

解：每立方米 190mm 厚砌块墙砌筑砂浆净用量（m^3）

$$=1-0.39×0.19×0.19×65.8=0.074m^3$$

4.1.3　标准砖基础的材料用量计算

等高式放脚基础标准砖用量计算的约定如下：

砖基础只包括从最上面一层放脚上表面，至最下一层放脚下表面的体积，见图 4-2；

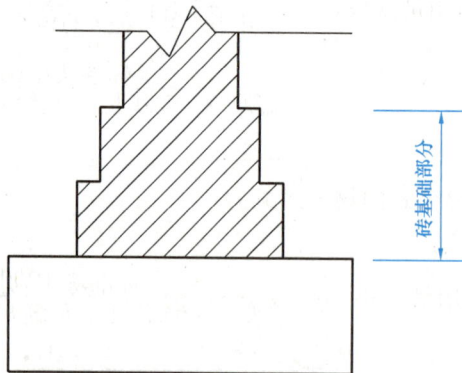

图 4-2　砖基础示意图

每层放脚的放出宽度为 62.5mm，每层放脚的高度为 126mm；砖基础灰缝为 10mm。

（1）计算公式

每立方米砖基础标准砖净用量（块）

$$= \frac{（墙厚的砖数×2×层数＋\Sigma放脚层数值）×2}{（墙厚×放脚层数＋放脚宽×2×\Sigma放脚层数值）×放脚层数高×（砖长＋灰缝）}$$

$$= \frac{（墙厚的砖数×2×层数＋\Sigma放脚层数值）×2}{（墙厚×放脚层数＋0.0625×2×\Sigma放脚层数值）×0.126×0.25}$$

每立方米砖基础标准砖净用量计算公式的总体思路与墙体标准砖净用量的思路基本相同，即计算式中分母的含义为等高式大放脚基础标准块的体积；分子的含义为基础标准块中标准砖的用量。

因此，我们只要先计算每立方米砖基础中有多少个标准块，然后再乘以每个标准块中标准砖的数量，就可以得到每立方米砖基础标准砖的净用量。

（2）计算实例

【例4-5】某标准砖基础的基础墙厚115mm，有两层等高式放脚，试计算该基础每立方米标准砖净用量。

解：

$$每立方米砖基础标准砖用量 = \frac{(墙厚的砖数 \times 2 \times 层数 + \Sigma 放脚层数值) \times 2}{(墙厚 \times 放脚层数 + 0.0625 \times 2 \times \Sigma 放脚层数值) \times 0.126 \times 0.25}$$

$$= \frac{(0.5 \times 2 \times 2 + 3) \times 2}{(0.115 \times 2 + 0.0625 \times 2 \times 3) \times 0.126 \times 0.25}$$

$$= \frac{10}{0.0190575} = 524.73 \text{块}$$

【例4-6】某标准砖基础，基础墙厚240mm，有三层等高式放脚，试计算该基础每立方米用标准砖净用量。

解： 每立方米砖基础标准砖净用量

$$= \frac{(墙厚的砖数 \times 2 \times 层数 + \Sigma 放脚层数值) \times 2}{(墙厚 \times 放脚层数 + 0.0625 \times 2 \times \Sigma 放脚层数值) \times 0.126 \times 0.25}$$

$$= \frac{(1 \times 2 \times 3 + 6) \times 2}{(0.24 \times 3 + 0.0625 \times 2 \times 6) \times 0.126 \times 0.25}$$

$$= \frac{24}{0.046305} = 518.30 \text{块}$$

4.2　装饰块料用量计算

4.2.1　铝合金装饰板

1. 计算公式

$$每100\text{m}^2 合金装饰板净用量 = \frac{100}{块长 \times 块宽}$$

2. 计算实例

【例4-7】计算用800mm×600mm规格的铝合金压型装饰板，装饰100m²天棚的净用量。

解：

$$每100\text{m}^2 铝合金装饰板净用量 = \frac{100}{块长 \times 块宽} = \frac{100}{0.80 \times 0.60} = 208.33 \text{块/100m}^2$$

4.2.2　石膏装饰板

1. 计算公式

$$每100\text{m}^2 石膏装饰板净用量 = \frac{100}{(块长 + 拼缝) \times (块宽 + 拼缝)}$$

2. 计算实例

【例 4-8】规格为 $500mm \times 500mm$ 的石膏装饰板，拼缝为 $2mm$，计算 $100m^2$ 的净用量。

解：

$$每 100m^2 石膏装饰板净用量 = \frac{100}{(块长 + 拼缝) \times (块宽 + 拼缝)}$$

$$= \frac{100}{(0.50 + 0.002) \times (0.50 + 0.002)}$$

$$= 396.82 \text{ 块}/100m^2$$

4.2.3 墙（地）面砖

1. 计算公式

$$每 100m^2 墙（地）面砖净用量（块）= \frac{100}{(块长 + 拼缝) \times (块宽 + 拼缝)}$$

灰缝砂浆净用量 = [100 −（块料长 × 块料宽 × $100m^2$ 块料净用量）] × 灰缝深

2. 计算实例

【例 4-9】$1:2$ 水泥砂浆贴 $500mm \times 500mm \times 12mm$ 花岗岩板墙面，灰缝 $1mm$，砂浆粘结层 $5mm$ 厚，试计算 $100m^2$ 墙面的花岗岩和砂浆净用量。

解：

$$每 100m^2 墙面花岗岩净用量 = \frac{100}{(块长 + 拼缝) \times (块宽 + 拼缝)}$$

$$= \frac{100}{(0.50 + 0.001) \times (0.50 + 0.001)}$$

$$= 398.40 \text{ 块}/100m^2$$

每 $100m^2$ 墙面花岗岩砂浆净用量 = 粘接层砂浆 + 灰缝砂浆

$$= 100m^2 \times 0.005 + [100 − (0.50 \times 0.50 \times 398.40)] \times 0.012$$

$$= 0.50 + (100 − 99.60) \times 0.012$$

$$= 0.50 + 0.40 \times 0.012 = 0.50 + 0.0048$$

$$= 0.505 m^3/100m^2$$

【例 4-10】$1:2$ 水泥砂浆贴 $300mm \times 200mm \times 8mm$ 缸砖地面，结合层 $5mm$ 厚，灰缝 $2mm$ 宽，试计算每 $100m^2$ 地面的缸砖和砂浆净用量。

解：

$$每 100m^2 地面缸砖净用量 = \frac{100}{(0.30 + 0.002) \times (0.20 + 0.002)} = 1639.24 \text{ 块}/100m^2$$

每 $100m^2$ 地面缸砖灰缝砂浆净用量 = [100 − (0.30 × 0.20 × 1639.24)] × 0.008

$$= 0.013 m^3/100m^2$$

每 $100m^2$ 地面缸砖结合层砂浆净用量 = 100 × 0.005 = 0.50 m^3/100m^2

$1:2$ 水泥砂浆净用量 = 灰缝砂浆净用量 + 结合层砂浆净用量

$$= 0.013 + 0.50 = 0.513 m^3/100m^2$$

4.3 半成品配合比用量计算

4.3.1 砂浆配合比用量计算

1. 体积比计算公式

$$砂子用量（m^3）=\frac{砂子比例数}{配合比总比例数-砂子比例数\times砂子空隙率}$$

$$水泥用量（kg）=\frac{水泥比例数\times水泥堆积密度}{砂子比例数}\times砂子用量$$

$$石灰膏用量（m^3）=\frac{石灰膏比例数}{砂子比例数}\times砂子用量$$

2. 计算实例

【例 4-11】计算 1∶2 水泥砂浆的水泥和砂子用量，水泥堆积密度 1300kg/m³，砂子空隙率 46%。

解：砂子用量 $=\dfrac{砂子比例数}{配合比总比例数-砂子比例数\times砂子空隙率}$

$$=\frac{2}{1+2-2\times46\%}=0.96m^3/m^3$$

水泥用量 $=\dfrac{1\times1300}{2}\times0.96=624kg/m^3$

【例 4-12】计算 1∶0.3∶3 水泥石灰砂浆的材料用量，水泥堆积密度 1310kg/m³，砂子空隙率 44%。

解：砂子用量 $=\dfrac{砂子比例数}{配合比总比例数-砂子比例数\times砂子空隙率}$

$$=\frac{3}{1+0.3+3-3\times44\%}=1.007m^3/m^3$$

$$水泥用量=\frac{1\times1310}{3}\times1.007=439.72kg/m^3$$

$$石灰膏用量=\frac{0.3}{3}\times1.007=0.101m^3/m^3$$

说明：当 1m³ 石灰膏需 600kg 生石灰时，上式石灰膏换算为生石灰用量为 0.101×600=60.6kg/m³。

【例 4-13】计算 1∶2.5 水泥白石子浆的材料用量，水泥堆积密度 1300kg/m³；白石子堆积密度 1500kg/m³，空隙率 44%。

解：白石子用量 $=\dfrac{2.5}{(1+2.5)-2.5\times44\%}=1.042m^3/m^3$

$$白石子质量=1.042\times1500=1563kg/m^3$$

$$水泥用量=\frac{1\times1300}{2.5}\times1.042=541.84kg/m^3$$

4.3.2 水泥浆配合比用量计算

1. 计算公式

用水量按水泥的 34% 计算。即 $m_w=0.34m_c$

$1m^3$ 水泥浆中水泥净体积与水的净体积之和应为 $1m^3$ 水泥浆。则有：

$$\frac{m_c}{\rho_c} + \frac{m_w}{\rho_w} = 1$$

式中　m_c——$1m^3$ 水泥浆中水泥用量，kg；

$\quad\quad\ m_w$——$1m^3$ 水泥浆中水用量，$m_w = 0.34m_c$，kg；

$\quad\quad\ \rho_c$——水泥的密度，kg/m^3；

$\quad\quad\ \rho_w$——水的密度，kg/m^3。

2. 计算实例

【例 4-14】 计算 $1m^3$ 纯白水泥浆材料用量。水泥密度 $3100kg/m^3$，堆积密度 $1300kg/m^3$，用水量按水泥的 34% 计算，水密度为 $1000kg/m^3$。

解：$\dfrac{m_c}{\rho_c} + \dfrac{m_w}{\rho_w} = 1$

因用水量按水泥的 34% 计算，即 $m_w = 0.34m_c$，代入已知数据可得：

$$\frac{m_c}{3100} + \frac{0.34m_c}{1000} = 1$$

解方程可得：　$m_c = 1509$kg

则　　　　　$m_w = 0.34m_c = 0.34 \times 1509 = 513$kg

可以计算出：水泥在混合前体积 $V'_{co} = \dfrac{m_c}{\rho_{co}} = \dfrac{1509}{1300} = 1.161m^3$

水混合前后的体积相等，为 $V_w = \dfrac{m_w}{\rho_w} = \dfrac{513}{1000} = 0.513m^3$

4.3.3　石膏灰浆配合比用计量

1. 计算公式

用水量按石膏灰 80% 计算。

$$\frac{m_D}{\rho_D} + \frac{m_w}{\rho_w} + V_p = 1$$

式中　m_D——$1m^3$ 石膏灰浆中石膏灰等材料用量，kg；

$\quad\quad\ m_w$——1m 石膏灰浆中水用量，$m_w = 0.34m_c$，kg；

$\quad\quad\ \rho_D$——石膏灰的密度，kg/m^3；

$\quad\quad\ \rho_w$——水的密度，kg/m^3。

2. 计算实例

【例 4-15】 计算 $1m^3$ 石膏灰浆的材料用量。石膏灰堆积密度为 $1000kg/m^3$，密度为 $2750kg/m^3$，每立方米灰浆加入纸筋 26kg，折合体积 $0.0286m^3$。

解：$\dfrac{m_D}{\rho_D} + \dfrac{m_w}{\rho_w} = 1$

因用水量按石膏灰等的 80% 计算，即 $m_w = 0.80m_D$，代入已知数据可得：

$$\frac{m_D}{2750} + \frac{0.80m_D}{1000} = 1$$

解方程得：$m_D = 859$kg

则 $m_w = 0.80m_D = 0.80 \times 859 = 687$kg。

可以计算出：水泥在混合前体积 $V'_{Do}=\dfrac{m_c}{\rho_{Do}}=\dfrac{859}{1000}=0.859\text{m}^3$

石膏灰的体积为：$V=V'_{Do}-0.0286=0.859-0.0286=0.8340\text{m}^3$

石膏灰的质量为：$m=\rho\cdot V=1000\times0.8304=830.4\text{kg}$

水混合前后的体积相等，为 $V_w=\dfrac{m_w}{\rho_w}=\dfrac{687}{1000}=0.687\text{m}^3$

4.4 提升与导学

4.4.1 提升

建筑材料的净用量计算应适应构造和施工方法。下面介绍两个材料净用量的计算方法。

1. 砖柱标准砖与砂浆用量计算

（1）矩形标准砖柱参数

矩形标准砖柱参数见表 4-3。

砖柱参数表　　　　　　　　　表 4-3

名称	一层块数	断面尺寸（m）	竖缝长度（m）
矩形柱	2	0.24×0.24	0.24
	3	0.24×0.365	0.48
	4.5	0.365×0.365	0.96
	6	0.365×0.49	1.45
	8	0.49×0.49	1.93
圆柱	8	0.49×0.49	1.93
	12.5	0.615×0.615	3.16

注：灰缝厚 10mm。

（2）矩形标准砖柱砖与砂浆用量计算公式

$$砖净用量=\frac{一层砖块数}{拉断面积\times（砖厚+灰缝）}$$

$$砂浆净用量=1-0.0014628\times砖净用量$$

（3）矩形标准砖柱一层块数

矩形标准砖柱一层块数见图 4-3。

（4）矩形标准砖柱每立方米标准砖净用量举例

1）240mm×240mm 砖柱

$$砖净用量=\frac{2}{0.24\times0.24\times0.063}=551.1\text{ 块/m}^3$$

2）240mm×365mm 砖柱

$$砖净用量=\frac{3}{0.24\times0.365\times0.063}=543.6\text{ 块/m}^3$$

3）365mm×365mm 砖柱

$$砖净用量=\frac{4.5}{0.365\times0.365\times0.063}=536.1\text{ 块/m}^3$$

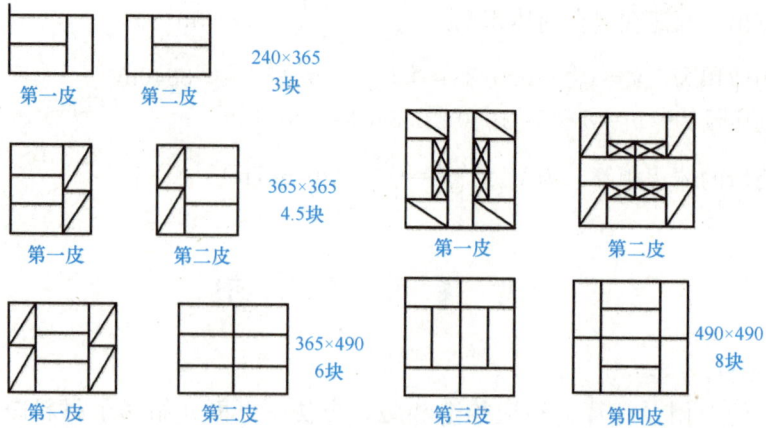

240×365
3块

第一皮　　　第二皮

365×365
4.5块

第一皮　　　第二皮　　　　第一皮　　　第二皮

365×490
6块

490×490
8块

第一皮　　　第二皮　　　　第三皮　　　第四皮

图 4-3　矩形标准砖柱一层块数示意图

4）365mm×490mm 砖柱

$$砖净用量=\frac{6}{0.365\times0.49\times0.063}=532.5 \ 块/m^3$$

5）490mm×490mm 砖柱

$$砖净用量=\frac{8}{0.49\times0.49\times0.063}=528.9 \ 块/m^3$$

2. 卷材工程量计算

（1）卷材搭接示意图

卷材搭接示意图见图 4-4。

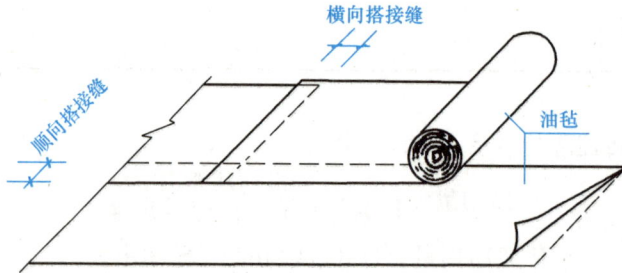

横向搭接缝

顺向搭接缝

油毡

图 4-4　卷材搭接示意图

（2）计算公式

卷材工程量计算公式：

$$每100m^2 \ 卷材用量=\frac{卷材每卷面积\times100}{(卷材宽-长边搭接)\times(卷材长-短边搭接)}$$

（3）计算举例

【例 4-16】三元乙丙-丁基橡胶防水卷材宽 1.0m，长 20m，短边搭接 100mm，长边搭接 100mm，损耗率 1.5%，求防水卷材的定额用量。

解：$$防水卷材净用量=\frac{1\times20\times100}{(1.0-0.10)\times(20.0-0.10)}$$

$$=\frac{2000}{17.91}=111.67\text{m}^2/100\text{m}^2$$

防水卷材定额用量$=111.67\times(1+1.5\%)=113.35\text{m}^2/100\text{m}^2$

4.4.2 导学

1. 材料净用量构成工程实体

砖、混凝土、面砖等建筑材料构成了工程实体，构成工程实体的材料用量是净用量。

2. 材料用量计算要点

按照构成工程实体的客观规律，一般采用体积、面积和质量计算建筑材料的净用量。

可以计算长宽高三个维度的工程项目组成部分时，采用体积计算材料用量，例如混凝土、砖、砌筑砂浆等；当工程项目组成的厚度比较稳定时，采用面积计算材料用量，例如抹灰砂浆、木工板等；剩下的不规则材料，例如油漆涂料、钢筋等材料采用质量计算材料消耗量。

项目由多种材料结合在一起的，例如砖砌体、铺地砖等，先计算主体材料用量，再计算灰缝等材料用量。

3. 材料损耗量体现了定额消耗量水平

建造工程实体的过程中，不可避免地产生合理的材料损耗，包括加工、运输、操作等损耗。不同工人操作、不同施工方法、采用不同施工机具，会发生不同的损耗量。所以，损耗量的多少才真正反映了定额水平。

全部消耗量与损耗量之比为损耗率，因此材料消耗的定额水平以损耗率来反映。

4. 损耗率的产生与确定

材料损耗率可以通过几种方法确定：一是在正常施工条件下，记录完成单位产品的损耗率；二是通过实验室实验的方法确定材料损耗率；三是通过两者结合来最终确定损耗率。

一般情况下，同一个定额项目的材料用量，预算定额的损耗率比企业定额的损耗率大，这就说明企业定额的水平高于预算定额的水平。

材料净用量可以用理论计算法计算得出，损耗率一般由定额主管部门规定。

5. 材料消耗量与损耗率确定的其他方法

材料消耗量可以用建造工程施工中发生的实际数量进行统计分析；然后通过净用量的计算来分离损耗量，最后计算出材料损耗率。

6. 能计算材料用量是编制定额的基本功

材料消耗定额、施工定额、企业定额、预算定额等都由材料消耗量组成。因此，计算材料消耗量是编制定额的基本功。

复 习 思 考 题

1. 写出180mm墙厚每立方米墙体标准砖净用量计算公式。
2. 简述每立方米墙体标准砖净用量计算公式的物理意义。
3. 写出标准砖基础的材料用量计算公式，简述公式的物理意义。
4. 墙面砖的灰缝是如何规定的？
5. 贴地砖定额中包含灰缝吗？
6. 教材中的砂浆配合比采用了体积比还是质量比？哪种配合比合理？为什么？

5　定额制定简易方法

知识点

熟悉经验估计法编制定额方法；掌握统计分析法编制定额方法；掌握二次平均法和概率测算法；掌握比较类推法。

技能点

能操作完成二次平均法计算实例；会用概率测算法检验定额水平；能用类推比较法完成人工挖地坑定额的编制。

课程思政

"杂交水稻之父"袁隆平，一个属于中国，也属于世界的名字，他发起的"第二次绿色革命"，给整个人类带来了福音。我国大江南北的农田普遍种上了中国工程院院士袁隆平研制的杂交水稻，他为我国粮食增产发挥了重要作用。因此，我国政府授予袁隆平"全国先进科技工作者""全国劳动模范"和"全国先进工作者"等光荣称号。联合国世界知识产权组织授予他金质奖章和"杰出的发明家"荣誉称号。

同学们在学习和工作中也应具有创新精神，不怕困难，勇于探索。未来在建设领域贡献更多的"中国创造"。

5.1　经 验 估 计 法

确定人工消耗量定额有许多实用方法，其中经验估计法、统计分析法、比较类推法是常用方法。

5.1.1　经验估计法的概念

经验估计法是由定额人员、工程技术人员和工人结合在一起，根据个人或集体的实践经验，经过图纸分析和现场观察、了解施工工艺、分析施工生产的技术组织条件和操作方法的繁简难易程度，通过座谈讨论、分析计算后确定定额消耗量的方法。

5.1.2　经验估计法的基本方法

运用经验估计法制定定额，应以工序为对象，将工序分解为操作。先分析各操作的基本工作时间，然后再考虑工序的辅助工作时间、准备与结束工作时间以及休息时间。根据确定的时间进行整理分析，并对结果进行优化处理，最终

《左传》中记载
的定额

得出该工序或产品的时间定额或产量定额。

经验估计法的优点是方法简单，编制定额所用的时间少。其缺点是容易受编制定额人员的主观因素和局限性的影响，使定额消耗量出现偏低或偏高的现象。因此，经验估计法较适合于编制企业定额和补充定额。

5.1.3 经验估计法的计算方法

1. 算术平均值法

当对一个工序或产品进行工时消耗量估计时，大家提出了较多的估计值，这时可以用算术平均值的方法计算工时消耗量。其计算公式为：

$$\overline{X} = \sum_{i=1}^{n} X_i$$

式中 $\overline{X}$——算术平均值；

n——数据个数；

X_i——第 i 个数据。

如果经验估计过程中，大家提出的估计值较多（如 10 个以上）时，我们还可以采用去掉其中最大、最小值后，再用算术平均值的方法来确定定额工时。

【例 5-1】某项工序的工时消耗通过有经验的有关人员分析后，提出了如下数据，试用算术平均值法确定定额工时。

经验估计工时	1.22	1.35	1.20	1.18	1.50	1.21	1.28	1.30	1.15	1.10	1.19

解：1) 去掉一个最大值 1.50，去掉一个最小值 1.10；

2) 计算其余数据的算术平均值

$$\overline{X} = \frac{1}{9} \times (1.22 + 1.35 + 1.20 + 1.18 + 1.21 + 1.28 + 1.30 + 1.15 + 1.19) = 1.23 \text{ 工时}$$

2. 经验公式与概率估算法

为了提高经验估计的精确度，使制定的定额水平较合理，可以在经验公式的基础上采用概率的方法来估算定额工时。

该方法是将估算对象的工时消耗数据中取定三个数值，即先进（乐观估计）数值 a，一般（最大可能）数值 m，保守（悲观估计）数值 b。然后用经验公式求出他们的平均值 $\overline{t}$。经验公式如下：

$$\overline{t} = \frac{a + 4m + b}{6}$$

根据上式算出的 $\overline{t}$ 值再用按正态分布函数得出的调整工时定额的公式为：

$$t = \overline{t} + \lambda\sigma$$

式中 t——定额工时；

$\overline{t}$——工时消耗平均值；

σ——均差，$\sigma = \left| \dfrac{a-b}{6} \right|$。

我们从正态分布表（表 5-1）中，可以查到对应于 λ 值的概率 $P(\lambda)$。

正态分布表 表 5-1

λ	$P(\lambda)$	λ	$P(\lambda)$	λ	$P(\lambda)$	λ	$P(\lambda)$	λ	$P(\lambda)$
-2.5	0.01	-1.5	0.07	-0.5	0.31	0.5	0.69	1.5	0.93
-2.4	0.01	-1.4	0.08	-0.4	0.34	0.6	0.73	1.6	0.95
-2.3	0.01	-1.3	0.10	-0.3	0.38	0.7	0.76	1.7	0.96
-2.2	0.01	-1.2	0.12	-0.2	0.42	0.8	0.79	1.8	0.96
-2.1	0.02	-1.1	0.14	-0.1	0.46	0.9	0.82	1.9	0.97
-2.0	0.02	-1.0	0.16	-0.0	0.50	1.0	0.84	2.0	0.98
-1.9	0.03	-0.9	0.18	0.1	0.54	1.1	0.86	2.1	0.98
-1.8	0.04	-0.8	0.21	0.2	0.58	1.2	0.88	2.2	0.98
-1.7	0.04	-0.7	0.24	0.3	0.62	1.3	0.90	2.3	0.99
-1.6	0.06	-0.6	0.27	0.4	0.66	1.4	0.92	2.4	0.99

【例 5-2】已知完成某施工过程的先进工时消耗为 4h，保守工时消耗为 8.5h，一般工时消耗 5.5h。如果要求在 6.65h 内完成该施工过程的可能性有多少？若完成该施工过程的可能性 $P(\lambda)=92\%$，则下达的工时定额应该是多少？

解：

1）求 6.65h 内完成该施工过程的可能性

已知：$a=4$h；$b=8.5$h；$m=5.5$h；$t=6.65$h。

$$\bar{t} = \frac{a+4m+b}{6} = \frac{4+4\times5.5+8.5}{6} = 5.75\text{h}$$

$$\sigma = \left| \frac{4-8.5}{6} \right| = 0.75\text{h}$$

$$\lambda = \frac{t-\bar{t}}{\sigma} = \frac{6.65-5.75}{0.75} = 1.2$$

由 $\lambda=1.2$ 可知，从表 5-1 中查得对应的 $P(\lambda)=0.88$，即要求 6.65h 内完成该施工过程的可能性有 88%。

2）求当可能性 $P(\lambda)=92\%$ 时，下达的工时定额由 $P(\lambda)=92\%=0.92$ 可知，查表 5-1 对应的 $\lambda=1.4$，代入计算式得：

$$t = \bar{t} + \lambda\sigma = 5.75 + 1.4 \times 0.75 = 6.8\text{h}$$

即当要求完成该施工过程的可能性 $P(\lambda)=92\%$ 时，下达的工时定额应为 6.8h。

5.2 统 计 分 析 法

5.2.1 统计分析法的概念

统计分析法是将过去施工中同类施工过程工时消耗的统计资料，同当前施工组织与施工技术变化因素结合起来，进行分析研究后，确定工时消耗定额的方法。

5.2.2 二次平均法

统计分析资料反映的是工人过去已经达到的水平。在统计时没有剔除施工中不合理的因素。因而，这个水平一般偏于保守。为了克服统计分析资料的这一缺陷，使确定的定额保持平均先进水平，可以用二次平均法计算出平均先进值，作为确定定额水平的依据。

二次平均法的计算公式及步骤如下：

（1）剔除不合理的数据

剔除统计资料中特别偏高或偏低的不合理数据。

（2）计算平均数

计算公式：

$$\bar{t} = \frac{\sum\limits_{i=1}^{n} t_i}{n}$$

式中　n——数据个数；

　　　$\bar{t}$——平均数；

　　　t_i——统计数值（$i = 1,2,3,\cdots,n$）。

（3）计算平均先进值

将数列中小于平均值的各数值与平均值相加（求时间定额），或者将数列中大于平均值的各数值与平均值相加（求产量定额），然后再求其平均数，即求第二次平均数。计算公式为：

1）求时间定额的二次平均值：

$$\bar{t}_0 = \frac{\bar{t} + \bar{t}_n}{2}$$

式中　$\bar{t}_0$——二次平均后的先进平均值；

　　　$\bar{t}$——全数平均值；

　　　$\bar{t}_n$——小于全数平均值的各个数值的平均值。

2）求产量定额的二次平均值：

$$\overline{P}_0 = \frac{\overline{P} + \overline{P_k}}{2}$$

式中　$\overline{P}_0$——二次平均后的平均先进值；

　　　$\overline{P}$——全数平均值；

　　　$\overline{P}_k$——大于全数平均值的各个数值的平均值。

【例 5-3】已知某施工过程工时消耗的各次统计数据为 38、41、43、40、45、50、44、42、43、44，试用二次平均法计算其平均先进值。

解：1）求第一次平均值

$$\bar{t} = \frac{1}{10} \times (38 + 41 + 43 + 40 + 45 + 50 + 44 + 42 + 43 + 44) = 43$$

2）求平均先进值

$$\bar{t}_n = \frac{38 + 41 + 40 + 42}{4} = 40.25$$

3）求二次平均先进值

$$\bar{t}_0 = \frac{\bar{t} + \bar{t}_n}{2} = \frac{43 + 40.25}{2} = 41.63$$

5.2.3　概率测算法

用二次平均法计算出的结果，一般偏向于先进，可能多数工人达不到，不能较好地体现平均先进的原则。概率测算可以运用统计资料计算出可能有多少百分比的工人，可能达到作为确定定额水平的依据。其计算公式及步骤如下：

1. 确定有效数据

对取得某施工过程的若干次工时消耗数据进行整理分析，剔除明显偏低或偏高的数据。

2. 计算工时消耗的平均值

$$\bar{t} = \frac{\sum\limits_{i=1}^{n} t_i}{n}$$

式中字母的含义同二次平均法计算公式。

3. 计算工时消耗数据的样本标准差

$$S = \sqrt{\frac{1}{n-1} \sum_{i=1}^{n} (X_i - t)^2}$$

式中　S——样本标准差；

　　　n——数据个数；

　　X_i——工时消耗数据（$i=1, 2, 3, \cdots, n$）；

　　　t——工时消耗平均值。

4. 运用正态分布公式确定定额水平

根据正态分布公式得出的确定定额的公式为：

$$t = \bar{t} + \lambda S$$

式中　t——定额工时消耗；

　　　$\bar{t}$——工时消耗算术平均值；

　　　λ——S 的系数，从正态分布表中可以查到对应于 λ 值的概率 $P(\lambda)$；

　　　S——样本标准差。

【例5-4】 已知某施工过程工时消耗的各次统计值为 38、41、43、40、45、50、44、42、43、44（同例5-3），试用概率测算法确定使 86% 的工人能够达到的定额值和超过平均先进值的概率各为多少？

解： 1）求算术平均值

$$\bar{t} = \frac{1}{10} \times (38+41+43+40+45+50+44+42+43+44) = 43$$

2）计算样本标准差

$$S = \sqrt{\frac{1}{10-1} \begin{bmatrix} (38-43)^2 + (41-43)^2 + (43-43)^2 \times 2 + (40-43)^2 + (45-43)^2 \\ + (50-43)^2 + (44-43)^2 \times 2 + (42-43)^2 \end{bmatrix}}$$

$$= \sqrt{10.444} = 3.23$$

3）确定使 86% 的工人能够达到的工时消耗定额由正态分布表（表 5-1）查得，当 $P(\lambda) = 0.86$ 时，$\lambda = 1.1$，故使 86% 的工人能达到的工时消耗定额为：

$$t = \bar{t} + \lambda S = 43 + 1.1 \times 3.23 = 46.55$$

4）确定能超过平均先进值的概率

由例 5-4 求出的平均先进值 43，计算出能达到此值的概率：

$$\lambda = \frac{\overline{t}_0 - t}{S} = \frac{43 - 46.55}{3.23} = -1.10$$

查表 5-1 得：$P(-1.10) = 0.14$，即只有 14% 的工人能达到此水平。

5.3 比 较 类 推 法

5.3.1 比较类推法的概念

比较类推法又称典型定额法，是以同类或相似类型施工过程的典型定额消耗量为标准，经过与相邻定额的分析比较，类推出同一组相邻定额消耗量的方法。

5.3.2 比较类推法的特点

1. 按比例类推定额

比较类推法主要采用正比例的方法来推算其他同类定额消耗量，该方法比较简单。但要注意：如果类推定额与典型定额之间没有明显的正比例关系，该方法的准确性就达不到要求。

2. 方法简便，但有一定适用范围

采用该方法如果典型定额选择恰当、切合实际、具有代表性，那么类推出的定额一般比较合理。从实践情况看，该方法适用于同类型、规格多、批量小的施工过程。随着施工机械化、标准化、装配化程度的不断提高，这种方法的适用范围逐步扩大。

3. 采用典型定额类推

为了提高定额的精确度，通常采用以主要项目为典型定额来类推。采用这种方法，要特别注意掌握工序、产品的施工工艺和劳动组织等特征，细致分析施工过程的各种影响因素，防止将因素变化很大的项目作为典型定额来比较类推。

5.3.3 比较类推的计算方法

常用的比较类推法有比例计算法和坐标图示法两种。

1. 比例计算法

比例计算法又叫比例推算法。该方法是以某些定额项目为基础，通过技术测定或统计资料运用正比例的方法求得相邻定额消耗量的方法。

比例计算法的计算公式为：

$$t = P \cdot t_0$$

式中　t——需计算的工时消耗量；

　　　t_0——相邻典型定额项目的工时消耗量；

　　　P——已确定的比例。

【例 5-5】已知人工挖地槽土方的一类土时间定额及一类土与二、三、四类土人工挖地槽定额的比例关系见表 5-2，求二、三、四类土人工挖地槽的时间定额。

　　解：1）求地槽上口宽在 0.8m 以内的时间定额：

二类土：$1.43 \times 0.133 = 0.190$

三类土：$2.50 \times 0.133 = 0.333$

四类土：$3.76 \times 0.133 = 0.500$

2）求地槽上口宽在 1.5m 以内的时间定额：

二类土：$1.43 \times 0.115 = 0.164$

三类土：$2.50 \times 0.115 = 0.288$

四类土：$3.76 \times 0.115 = 0.432$

3）求地槽上口宽在 3.0m 以内的时间定额：

二类土：$1.43 \times 0.108 = 0.154$

三类土：$2.50 \times 0.108 = 0.270$

四类土：$3.76 \times 0.108 = 0.406$

挖地槽时间定额比例数示法确定表（单位：工日/m^3）　　　　　表 5-2

项目	比例关系	挖地槽深在 1.5m 以内		
		上口宽在（ ）m 以内		
		0.8	1.5	3
一类土	1.00	0.133	0.115	0.108
二类土	1.43	0.190	0.164	0.154
三类土	2.50	0.333	0.288	0.270
四类土	3.76	0.500	0.432	0.406

2. 坐标图示法

坐标图示法又叫图表法，即采用坐标图和表格来制定定额的方法。具体做法是选择一组同类定额项目，并选定典型定额项目，然后在坐标图上以项目的规格要求为横坐标，以工时或产量为纵坐标，确定坐标图。

接着将典型定额项目的工时消耗用点标在坐标图上，依次连接各点成一线，从而在该直线上确定其他相关定额项目的时间消耗量。

【例5-6】机动翻斗车运输砂子，已知典型定额项目的时间定额见表 5-3，试求运距为200m、600m、1200m、2000m 时间定额。

机动翻斗车运砂子的典型时间定额　　　　　表 5-3

项目	单位	运距（m）			
		140	400	900	1600
运砂子	工日	0.126	0.182	0.240	0.333

解：1）根据表 5-3 所列的典型定额画出运砂子的定额线（图 5-1）

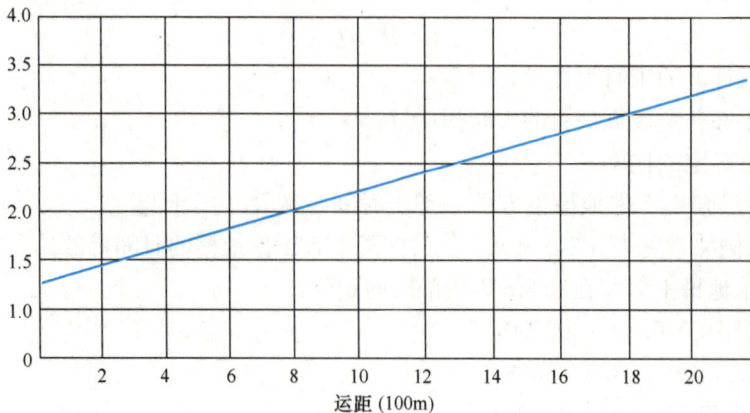

图 5-1　机动翻斗车运砂子时间定额坐标图

2）在图上确定出所要求确定的项目（表5-4）。

用坐标图示法确定出的定额 表5-4

项目	单位	运距（m）			
		200	600	1200	2000
运砂子	工日	0.150	0.208	0.278	0.390

复习思考题

1. 简述经验估计法的优缺点。
2. 采用经验估计法可以编制新工艺项目的企业定额吗？
3. 概率估算法是建立在经验数据基础上的吗？为什么？
4. 简述统计分析法的概念。
5. 统计数据与经验数据有什么不同点？有什么共同点？
6. 什么情况下可以采用类推比较法编制定额？
7. 比较类推法可以编制构件运输定额吗？为什么？

Ⅱ 应用篇

6 定额编制方案拟定

知识点

　　掌握定额编制原则；熟悉编制定额的依据；熟悉拟定定额结构形式方法；掌握定额项目划分方法；熟悉如何编排定额章节；熟悉确定计量单位应遵循的原则；掌握定额水平的确定；掌握定额水平的测算对比方法。

技能点

　　会按不同构造划分定额章节；会计算新编定额水平提高或降低的幅度。

课程思政

　　上海中心大厦一座巨型高层地标式摩天大楼，其总高为 632m，建筑面积 57.8 万 m^2。上海中心大厦是我国乃至世界的超级工程，其钢筋就用了约 10 万 t。上海中心大厦项目存在参与方众多、分支系统复杂、信息量大、有效传递困难、成本控制困难大等问题。项目从全生命周期角度出发，以 BIM 技术为手段，应用 Revit 建立模型，并在三维空间环境里面完成对项目的深化设计和修改，针对项目的设计、施工以及运营的全过程，有效控制工程信息的采集、加工、存储和交流，从而帮助项目的最高决策者对项目进行合理的协调、规划和控制，是新技术、新工艺出色应用以及大国工匠杰出成就的典范。

　　请同学们通过网络检索以上海中心大厦为代表的我国"超级工程"，感受"中国建造"的巨大力量。

6.1 编制方案的基本内容

　　定额编制方案就是对编制过程中一系列重要问题，作出原则性的规定，并据此指导编制工作的全过程。

　　定额编制方案主要包括下列基本内容：

6.1.1 编制原则、方法及依据

1. 定额编制原则

定额编制原则主要包括以下几个方面：

1）定额水平；2）定额结构形式。

2. 编制定额的基本方法

编制定额可以采用技术测定法、统计计算法、经验估计法等方法。

《考工记》中定额
制定方法

3. 编制定额的依据

（1）劳动制度

劳动制度包括工人技术等级标准、工资标准、工资奖励制度、八小时工作制度、劳动保护制度等。

（2）各种规范、规程、标准

各种规范、规程、标准包括设计规范、质量及验收规范、技术操作规程、安全操作规程等。

（3）技术资料、测定和统计资料

技术资料、测定和统计资料包括典型工程施工图、正常施工条件、机械装备程度、常用施工方法、施工工艺、劳动组织、技术测定数据、定额统计资料等。

6.1.2　拟定定额的适用范围

明确适用范围包括：

（1）适用于某地区；

（2）适用于建筑工程、安装工程、装饰工程等专业；

（3）适用于企业内部；

（4）适用于工程投标报价。

6.1.3　拟定定额结构形式

明确定额结构形式包括：

（1）结构形式简单明了；

（2）项目划分简明适用；

（3）定额文字通俗易懂。

6.1.4　定额水平的确定

定额水平主要反映在以下几个方面：

（1）产品质量与原材料消耗量；

（2）劳动组织合理性与人工消耗量；

（3）生产技术水平与施工工艺先进性。

6.1.5　定额水平测算对比

定额水平测算对比主要包括：

（1）定额水平测算方法；

（2）单个项目定额水平测算；

（3）节、章及总水平的测算。

除上述内容外，编制定额还包括组织领导、人员安排、方法步骤、时间安排等措施和计划。

6.2　拟定定额的适用范围

制定定额首先要拟定其适用范围，使之与一定的生产力水平相适应。

6.2.1　适用于某个地区

一些具有地区属性的因素会影响定额水平：

（1）地方材料的品种规格不同

例如，混凝土配合比采用中砂或细砂时的材料消耗量不同。

（2）地质条件情况不同

例如，不同地质条件和土质对人工挖土方的影响。

（3）劳动组织不同

各地区工人小组构成人员不同对工时消耗的影响。

6.2.2 适用于某个专业

编制企业定额应该按专业划分。一般划分为：建筑工程、安装工程、装饰工程、市政工程和园林绿化工程等专业。

6.2.3 适用于企业内部

适用于企业内部是指按企业生产力水平编制的定额，是企业编制施工作业计划、劳动力计划、材料供应计划、机械台班需用量计划、下达施工任务单、填写限额领料单、结算工程承包用工、用料、核算工程成本、统计完成产值等的依据。

6.2.4 适用于工程投标报价

适用于工程投标报价分两种情况：第一种是按行业生产力水平编制出具有社会平均水平定额，供业主和承包商作为计算工程标底价或工程造价的计算依据；第二种是按企业生产力水平编制具有企业个别水平的定额，作为企业计算工程投标报价的依据。

6.3 拟定定额的结构形式

6.3.1 结构形式简单明了

定额结构形式简单明了是指层次清晰，各章节划分明了，便于使用。除此以外，要将成熟的新工艺、新技术、新结构、新机具等内容编排进去，要研究合理划分定额项目，编排好章节以及选定好合适的计量单位等问题。

6.3.2 定额项目划分

划分定额项目，要依据定额的具体内容和工效的差别情况来进行。总的要求是：定额项目齐全、使用方便、步距大小适宜。

步距大小是定额项目划分的重要因素。其一般原则是：应该以定额项目步距的水平相差 10% 左右为宜。

划分定额项目，要充分体现施工技术和生产力水平。其具体划分方法主要有以下几种：

（1）按机具和机械施工方法划分

不同的施工方法对定额的水平影响较大，例如手工操作与机械操作的工效差别很大。所以，项目划分时要根据手工操作和使用机具情况划分为手工、机械和部分机械定额项目。例如，钢筋制作可以划分为机械制作、部分机械制作和手工绑扎等定额项目。

（2）按产品的结构特征和繁简程度划分

在施工内容上虽然属于同一类型的施工过程，但由于工程结构的繁简程度和几何尺寸不同，对定额水平有较大影响。所以，要根据产品的结构特征、复杂程度及几何尺寸的大小划分定额项目。

例如，现浇混凝土设备基础模板的制作安装，就需要根据其复杂程度和几何尺寸的大小，划分为一般的、复杂的、体积在多少立方米以内或多少立方米以外的项目。

（3）按使用的材料划分

在完成某一产品时，使用的材料不同，对工程的影响也很大。例如，不同材质、不同管径的各种管材，对管道安装的工效影响就很大。

所以，在划分管道安装项目时，则应按不同材质的不同管径来划分项目。

（4）按工程质量的不同要求划分

不同的工程质量要求，对单位产品的工时消耗也有较大的差别。例如，砖墙面抹石灰砂浆，按施工及质量验收规范规定，有不同等级不同抹灰遍数的质量要求。

因此，可以按高级、中级、普通抹灰质量要求分别划分定额项目。

（5）按工作高度划分

一般来说，工作高度越高，操作越困难，安全要求也越高，其运输材料的工时消耗也越多，操作的工作时间也必然增加。因此，操作高度或建筑物的高度，对工时消耗都有不同程度的影响。所以，要按不同高度对定额水平的影响程度来划分项目。另外，在这种情况下也可以采取增加工时或乘系数的办法来调整。

除了上述划分方法外，还有很多如土壤分类，工作物的长度、宽度、直径，设备的型号、容量大小等。其总的原则就是以工效的差别来划分项目。

6.3.3　划分定额项目应注意的问题

在划分定额项目时，应注意以下几个方面的问题：

（1）注意新旧项目的恰当处理

随着施工生产的发展，各种新工艺、新技术、新的操作方法、新机具总是不断出现。针对这一情况，处理原则是：凡是实践中已经证明可行的先进经验，都应划分项目，列入定额内，但也要注意，不要把那些正在推行中，消耗水平不稳定的项目列入定额内。对那些已经被淘汰的项目，也要予以删除。

（2）具有指导意义的新工艺的处理

有些先进的生产工艺，虽然目前还未普遍推广，但定额水平已基本稳定，并且具有方向性和指导意义的项目，则也应列入定额。例如，钢筋接头的新工艺等。

（3）正确运用附注系数和加工的方法

附注系数及增加工日是定额的另一种表现形式，它可以减少定额项目。一般是，常用的项目都要划分好列入定额，不常用的项目可以采取乘系数的办法解决。

例如，木门窗制作，以常用的一、二类木种划分列项，如采用三、四类木种，其定额用工可以在一、二类木种定额基础上乘以规定的系数。因为实际施工生产中，用三、四类木种制作门窗的较少。

所以，可以通过乘系数的方法来解决定额水平的差异。另外，有些情况属于工作内容和影响因素的变化，也可用乘系数的办法解决。

应该指出：当影响因素及定额水平不成比例关系时，不能采用乘系数的办法，而要采用增加或减少用工的办法来解决。

6.3.4　定额章节的编排

定额章、节的编排是拟定定额结构形式的一项重要工作，其编排、划分的合理性，关系到定额是否方便实用。

1. 章的划分

章的划分方法通常有以下几种：

（1）按不同的分部划分

例如，装饰工程可以按不同分部划分为楼地面、墙柱面、天棚、门窗、油漆涂料等各章。

（2）按不同工种和劳动对象划分

例如，建筑工程可以按不同工种和劳动对象划分为土石方、砌筑、脚手架、混凝土及钢筋混凝土、门窗、抹灰、装饰等各章。

2. 节的划分

节的划分主要有以下几种：

（1）按不同的材料划分

例如，抹灰工程可以按不同材料划分为石灰砂浆、水泥砂浆、混合砂浆等各节。

（2）按分部分项工程划分

例如，现浇构件这一章，可以按分部分项的工效不同划分为基础、地面、柱、梁、墙、板等各小节。

（3）按不同构造划分

例如，屋面防水这一章，可以按构造划分为柔性防水层、刚性防水层、瓦屋面、铁皮屋面等各小节。

上述章、节的划分方法是一般常用的方法。具体操作还需在编制定额过程中结合具体情况而定。

定额的章、节、编排，还需要文字说明。文字说明的主要内容有：工程内容、质量要求、劳动组织、操作方法、使用机具以及有关规定等。

定额中的文字说明要简单明了，每种定额应有"总说明"，将两章及两章以上的共性问题编写在总说明中。每章应写章说明，将两节及两节以上的共性问题，编写在章说明中。每节的文字说明一般包括工作内容、操作方法和有关规定等。

6.3.5　计量单位的确定

每一施工过程的结果都会得到一定的产品，该产品必须用一定的计量单位来表示。

通常情况下，一种产品可以采用几种计量单位：

例如，砖砌体的计量单位可以用砌 1000 块砖、砌 $1m^2$ 砖墙或砌 $1m^3$ 砖砌体来表示。所以，在编制定额时应首先确定项目的计量单位。

确定计量单位应遵循以下原则：

（1）能够准确地、形象地反映产品的形态特征

凡物体的长、宽、高三个度量都发生变化时，应采用 m^3 为计量单位。例如，土方、石方、砖石、混凝土构件等项目。

当物体有一相对固定的厚度，而长和宽两个度量所决定的面积发生变化时，宜采用 m^2 为计量单位。例如，按地面面层、装饰抹灰等项目。

若物体截面形状及大小固定，但长度不固定时，应以延长米为计量单位。例如，装饰线条、栏杆扶手，给水排水管道、导线敷设等项目。

有的项目体积、面积相同，但重量和价格差异较大，如金属结构的制、运、安等应当以 kg 或 t 为单位计算。

还有一些项目可以按个、组、套等自然计量单位计算。例如，水嘴、洗脸盆、排水栓等项目。

（2）便于计算和验收工程量

例如，墙脚排水坡以 m² 为计量单位，窗帘盒以 m 为单位，便于计算和验收工程量。

（3）便于定额的综合

施工过程各组成部分的计量单位尽可能相同。例如，人工挖土方，其组成部分的人工挖方、人工运土、人工回填土项目都应以 m³ 为单位，便于定额的综合。

（4）计量单位的大小要适当

所谓计量单位的大小要适当，是指其单位不能过大或过小，做到既方便使用，又能保证定额的精确度。例如，人工挖土方以 10m³ 为单位，人工运土以 100m³ 为单位，机械运土方以 1000m³ 为单位。

（5）必须采用国家法定的计量单位

定额中计量单位的名称和书写都应采用国家法定的计量单位。

6.4　定额水平的确定

定额水平的确定是一项复杂细致的工作，具有较强的技术性。

确定定额水平，必须先做好有关定额水平的资料收集、整理和分析工作，清楚定额水平的各种影响因素。只有这样，才能制定出满足要求的定额水平。

6.4.1　定额水平资料的搜集

搜集定额水平资料是确定定额水平的一项基础性工作。该项工作要充分发挥定额专业人员的作用，积极做好技术测定工作。无论是编制企业定额或者补充定额，都应以技术测定资料为确定定额水平的重要依据。特别是定额中的常用项目，一定要通过技术测定资料来确定定额水平。

另外，还应搜集在施工过程中实际完成情况的统计资料和实践经验资料。统计资料一般是指单项统计资料，是消耗在单位产品上的实耗工料记录。

统计资料应该在生产条件比较正常，产品和任务比较稳定，原始记录和统计工作比较健全，以及重视科学管理和劳动考核的施工队组或施工项目上搜集，以保证统计资料的准确性。

经验估计资料要建立在深入细致调查研究的基础上，要广泛征求有实践经验人员的意见。为了提高经验资料的可靠程度，可将初步搜集来的经验资料，通过各种座谈会讨论分析，反复征求意见，使经验资料有足够的代表性。

搜集定额水平资料时应注意以下问题：

（1）资料的准确性

资料要如实反映客观实际，数字真实可靠。

（2）资料的完整性

资料的内容要齐全，不仅要有完成产品的数量和消耗工料的数量资料，而且还要有相应的产品质量、施工技术组织资料等影响定额水平的各种因素资料。

（3）资料的代表性

资料应能够把定额适用范围内的大多数队组、项目上的定额工效水平反映出来。

6.4.2 定额水平资料的分析采用

通过上述方法搜集到的资料，由于受多种因素的影响，难免存在一定的局限性，往往会发现同一组项目的水平有较大的差异。

因此，对搜集到的资料，首先要进行分析，要选用工作内容齐全，施工条件正常，各种影响因素清楚，产品数量、质量及工料消耗数据可靠的资料，进行加工整理，作为确定定额水平的依据。

6.4.3 定额水平的确定

定额水平的确定要从两个方面来讨论：一是根据定额的作用范围确定定额水平；二是根据企业的生产力水平确定定额水平。

根据作用范围确定定额水平是指，编制行业定额，用以指导整个行业时，应该以行业的平均水平作为定额水平；编制地区定额用于指导某一地区时，应该以该地区该行业的平均水平作为定额水平依据。

如果是编制企业定额，那么就应该以该企业的平均先进水平作为定额的水平。

定额水平的确定，不仅要坚持平均水平或平均先进水平的原则，还必须处理好数量与质量的关系。

各种定额应该以现行的工程质量验收规范为质量标准，在达到质量标准的前提下，确定定额水平。

确定定额水平还应考虑工人的身心健康和安全生产。对有害身体健康的工作，应该减少作业时间。

6.4.4 确定定额水平应注意的问题

（1）注意先进技术和先进经验的成熟程度

在确定定额水平时，对于能够反映先进技术、革新成果和先进操作经验的项目，要注意分析其成熟程度和推广应用的客观条件后区别对待。凡是比较成熟的，已经具备普遍推广条件的，应该在定额水平中反映；由于某些条件的限制，难以立即实现的，则不应反映到定额水平中去。对于有推广意义的项目，可以反映到定额水平中去；对于某些细小改革提高工效的项目，可以暂不反映到定额水平中去，以免挫伤革新者的积极性。

（2）要防止用提高劳动强度的方法提高定额水平

在分析和确定使用一般工具的手工操作定额水平时，要特别注意防止用提高工人劳动强度的方法来提高定额水平。特别是笨重的体力劳动，更要持慎重态度。

定额水平的提高要立足于采用科学管理和先进的生产技术和手段，诸如合理的生产组织、先进的生产工具以及各种技术革新成果等。

6.5 定额水平的测算对比

为了将新编定额与现行定额进行对比，分析新编定额水平提高或降低的幅度，需要对定额水平进行测算。

6.5.1 测算项目的选择

由于定额项目很多，一般不作逐项对比和测算。通常将定额章节中的主要常用项目进行对比。例如，砖石工程的重点可选砖基础、砖墙、砖柱等项目进行对比。

项目对比时，应注意所选项目的可比性。所谓可比性是指两个对比项目的定额水平所反映的内容，包括工作内容、施工条件、计算口径是否一致。如果不一致，那么对比就没有可比性，其比较结果就不能反映定额水平变化的实际情况。

6.5.2 测算对比方法

定额水平的测算对比方法，常采用单项水平对比和总体水平对比的方法。

（1）单项水平对比

单项水平对比，就是用新编定额选定的项目与现行定额对应的项目进行对比。其比值反映了新编定额水平比现行定额水平提高或降低的幅度，其计算公式为：

$$新编定额水平提高或降低的幅度 = \left(\frac{现行定额单项消耗量}{新编定额单项消耗量} - 1\right) \times 100\%$$

定额水平越高其定额消耗量就越低，定额水平与消耗量成反比。

（2）总体水平对比

总体水平对比是用同一单位工程计算出的工程量，分别套用新编定额和现行定额的消耗量，计算出人工、材料、机械台班总消耗量后进行对比，从而分析新编定额水平比现行定额水平提高或降低的幅度，其计算公式为：

$$新编定额水平提高或降低的幅度 = \left(\frac{现行定额分析的单位工程消耗量}{新编定额分析的单位工程消耗量} - 1\right) \times 100\%$$

6.6 提 升 与 导 学

6.6.1 提升

1. 定额水平定义

定额水平是指在正常施工条件下完成单位合格产品人工、材料、机械台班消耗量高低的水平。消耗量低即水平高，反之消耗量高即水平低。消耗量与定额水平成反比。

2. 定额水平举例

例如，甲定额规定抹 20mm 厚 1:2 水泥砂浆地面面层每 $100m^2$ 的砂浆耗用量是 $2.03m^3$；乙定额规定上述定额项目每 $100m^2$ 的砂浆耗用量是 $2.01m^3$。这时甲定额比乙定额多用了 $0.02m^3$ 的水泥砂浆，我们就可以认为乙定额比甲定额的水平高。

3. 砂浆用量分离

抹 $100m^2$ 面积 20mm 厚的砂浆净用量 $= 0.02mm \times 100m^2 = 2.00m^3$；甲定额砂浆损耗量 $=$ 定额砂浆用量 $-$ 砂浆净用量 $= 2.03m^3 - 2.00m^3 = 0.03m^3$；乙定额砂浆损耗量 $=$ 定额砂浆用量 $-$ 砂浆净用量 $= 2.01m^3 - 2.00m^3 = 0.01m^3$。

4. 损耗量反映定额水平

损耗量反映定额水平，是定额的核心数据。乙定额的砂浆损耗量（$0.01m^3$）比甲定额的损耗量（$0.03m^3$）少 $0.02m^3$，故乙定额的水平高于甲定额。

5. 我国 8 级工资制的月工资计算方法

中华人民共和国成立后，我国长期实施 8 级工作制，即建筑工人工资级别为 1 级～7 级；安装工人工资级别为 1 级～8 级。

8 级工资制月工资计算公式为：

$$F_n = F_1 \times K_n$$

式中　F_n——n 级工月工资标准；

　　　F_1——1 级工工资标准；

　　　K_n——n 级工的工资等级系数，$K_n = (1.178)^{n-1}$。

【例 6-1】某安装企业 1 级工月工资为 3800 元，用上述公式计算 4 级工月工资。

解：$F_n = 3800 \times (1.178)^{(4-1)} = 3800 \times 1.635 = 6212$ 元/月

6.6.2　导学

1. 定额的简明适用原则

定额项目是依据定额适用范围，按工序、工作过程或者综合工作过程内容来划分的。如果在同样工作内容前提下，定额按工作过程划分项目，要比按综合工作过程划分项目更多，更细。如果同一工作内容，将定额项目划分细一些的作用是适用性强，施工图上的项目基本上都能套上对应的定额项目，但是编制出的定额内容就比较多，不够简明扼要；如果将定额项目划分的粗略一些，定额做到简明了，但使用定额时往往有一些施工图中的项目不能直接通定额项目，适用性就差。

综上所述，定额"简明适用"是一个矛盾的统一体，所以需要按照定额的适用范围和使用对象进行合理取舍。例如，施工定额需要与工人班组计算完成工作的劳动报酬，项目划分就要细一些；又如，概算定额是施工图设计阶段控制工程造价的定额，项目就可以综合一些。

2. 定额章节内容划分

掌握定额编制方法，首先必须要熟悉施工过程和建筑构造；其次要熟悉各工种及对应的工作内容。所以，定额章节一般首选按施工过程和建筑构造来划分。例如，按照土石方、桩基、砌体、脚手架、现浇与预制混凝土、楼地面、门窗、屋面、装饰等建造过程划分定额章节。在装饰章节又按抹灰工、油漆工、木工等工种来划分项目。了解这一思路给快速翻阅定额带来了方便。

3. 定额水平对比

新定额在颁发或者应用之前，都要与旧定额的水平进行对比。如果是材料消耗新编定额水平对比，能否用损耗量进行对比？为什么？请学员认真思考这个问题。

$$新编定额水平提高或降低的幅度 = \left(\frac{现行定额材料损耗量}{新编定额材料损耗量} - 1 \right) \times 100\%$$

思考题：某地区新编预算定额现浇每 10m³ 混凝土独立基础的混凝土用量为 10.15m³，现行预算定额对应项目的混凝土消耗量为 10.17m³，可以计算新编定额混凝土用量降低幅度吗？

复习思考题

1. 定额编制方案包括哪些内容？

2. 定额编制原则主要包括哪几个方面？

3. 编制定额的基本方法有哪些?

4. 定额水平测算对比包括哪些内容?

5. 适用于工程投标报价的定额有哪些?

6. 定额项目是如何划分的?

7. 如何编排定额章节?

8. 如何确定定额的计量单位?

9. 如何确定定额水平?

10. 如何测算定额水平?

7 人 工 定 额 编 制

知识点

掌握人工定额的概念；掌握人工定额编制原则；熟悉人工定额的编制依据；掌握人工定额编制方法。

技能点

会计算时间定额；会依据测定数据拟定砖墙面抹水泥砂浆人工定额。

课程思政

《孙子算经》是中国古代重要的数学著作，成书大约在四、五世纪，也就是大约1500年前，作者生平和编写年不详，著名数学问题"鸡兔同笼"就出自该书。《孙子算经》记载了最早的工程量计算方法和用工数量计算方法，如："今有筑城，上广二丈，下广五丈四尺，高三丈八尺，长五千五百五十尺。秋程人功三百尺，问须功几何？"按题意得出：$(20+54) \times 1/2 \times 38 = 1406$ 平方尺 ；$1406 \times 5550 = 7803300$ 立方尺 ；$7803300 \div 300 = 26011$（个），这就是计算工程量和所需人工的方法。古人通过编制人工定额来完成工程建设，彰显了我国劳动人民的聪明才智。

7.1 人工定额的概念与编制原则

7.1.1 人工定额的概念

人工定额亦称劳动定额，它规定了在正常施工条件下、合理劳动组织和合理使用材料条件下，完成单位合格产品所必须消耗的劳动数量标准。

人工定额可分为时间定额和产量定额两种表达方式。时间定额与产量定额关系如下：

$$时间定额 \times 产量定额 = 1$$

《营造法式》与
人工定额

7.1.2 人工定额编制原则

1. 平均先进水平原则

所谓平均先进水平是指在正常施工条件下，多数班组或工人经过努力可以达到的水平。

定额消耗量越低，水平就越高。单位产品的劳动消耗与生产力水平成反比。

之所以将定额的水平定为平均先进水平，是因为具有平均先进水平的定额才有可能促进施工企业劳动生产力水平的提高。

2. 简明适用原则

简明适用原则要求定额的内容较丰富、项目较齐全、适应性较强，能满足施工组织与管理、计算劳动报酬、工程投标报价等方面的要求，同时也要求定额简明扼要，容易为工人和业务人员所掌握。

7.2　人工定额的编制依据

（1）现行的人工定额；

（2）现场测定资料；

（3）现行的工程质量验收规范；

（4）建筑安装工人技术等级标准；

（5）建筑市场调查统计数据。

7.3　人工定额编制方法

7.3.1　拟定正常的施工条件

正常的施工条件包括：工作现场对象的类别和质量要求；使用材料的名称和规格；选用的机具型号和性质；主要的施工方法和程序；劳动组织；工作地点组织等。这些条件必须适用于大多数班组，符合当前施工生产的实际情况。

7.3.2　拟定合理的劳动组织

拟定合理的劳动组织包括拟定组成人员的数量和各成员的技术等级，并应遵循以下原则：

1）保证小组内所有成员都能充分担负有效的工作；

2）尽量合理地使用技术工人，使之在工作中符合技术等级的要求；

3）尽量使技术等级较低的工人在技术等级高的工人指导下工作，逐步掌握高一级的技术水平。

7.3.3　拟定工作地点的组织

在拟定工作地点组织时，要特别注意使工人在操作时不受干扰和妨碍，所使用的工具和材料应按使用顺序放置于最方便取用的地方，以减少疲劳和提高工作效率。应保持工作地点整洁和秩序井然，不用的工具和材料不应堆放在工作地点。

7.3.4　定额时间确定

在全面分析各种影响因素的基础上，运用技术测定资料就可以获得定额必需的各种必须消耗的时间。将这些数据资料整理、归纳就可以计算出整个工作过程的时间定额。

定额时间包括：作业时间、准备与结束工作时间、休息时间和不可避免的中断时间。

1. 作业时间

作业时间包括基本工作时间和辅助工作时间。

作业时间是产品必须消耗的主要时间，它是各种因素的集中反映，决定着整个产品的定额水平。

如果单位产品施工过程的各个组成部分与最终产品是同一计量单位时，作业时间的计算公式为：

$$T_1 = \sum_{i=1}^{n} t_i$$

式中　T_1——单位产品作业时间；

　　　t_i——各组成部分作业时间；

　　　n——各组成部分的个数。

如果单位产品施工过程各组成部分的计量单位与最终产品计量单位不相同时，各组成部分作业时间应分别乘以相应的换算系数。计算公式为：

$$T_1 = \sum_{i=1}^{n} K_i \cdot t_i$$

式中　K_i——对应于 t_i 的换算系数。

换算系数分析：因为各种类型的计算单位之间有着不同的函数关系，无法统一规定，我们可以通过以下例子说明。

【例 7-1】墙面勾缝的计量单位是 m²。如果未采取直接测量面积的方法而是根据墙厚按体积进行换算，就会产生换算系数的问题。现设定每平方米砖墙面勾缝所需的时间为 9.6min，试求各种不同墙厚每 m³ 砌体勾缝所需时间。

解：1）计算 1m³ 一砖厚砖墙勾缝所需的时间：

$$每\ m^3\ 砌体含墙面面积 = \frac{1}{0.24 \times 1 \times 1} = 4.17 m^2$$

$$每\ m^3\ 砌体所需勾缝时间 = 9.6 \times 4.17 = 40 min$$

2）计算 1m³ 一砖半厚砖墙勾缝所需的时间：

$$每\ m^3\ 砌体含墙面面积 = \frac{1}{0.365 \times 1 \times 1} = 2.74 m^2$$

$$每\ m^3\ 砌体所需勾缝时间 = 9.6 \times 2.74 = 26.3 min$$

3）计算 1m³ 二砖厚砖墙勾缝所需的时间：

$$每\ m^3\ 砌体含墙面面积 = \frac{1}{0.49 \times 1 \times 1} = 2.04 m^2$$

$$每\ m^3\ 砌体所需勾缝时间 = 9.6 \times 2.04 = 19.6 min$$

2. 准备与结束工作时间

准备与结束工作时间分为工作日和任务两种。

工作日准备与结束工作时间只反映一天内上班的该时间。任务时间是指对一批任务而言所需的准备与结束时间。

工作日内的准备与计算时间可以根据测定资料分析取定，也可以通过编制准备与结束时间占工作日延续时间的百分比的方式来确定。计算公式为：

$$P_a = \frac{T_2'}{T_1'} \times 100\%$$

式中　P_a——工作日准备与结束时间占工作日作业时间百分比；

　　　T_2'——工作日准备与结束时间；

　　　T_1'——工作日作业时间。

单位产品准备与结束时间计算公式：

$$T_2 = T_1 \times P_2$$

另外，任务的准备与结束时间应分摊到单位产品的时间定额中。

3. 休息时间

休息时间应根据工作繁重程度及劳动条件确定，要根据多次观测的资料加以综合分析，拟定一个各类工作疲劳程度和该休息的时间标准，一般以工作日必须休息时间占工作班全班延续时间的百分比表示。

工作日休息时间（T_3'）占工作日作业时间百分比（P_b）计算公式：

$$P_b = \frac{T_3'}{T_1'} \times 100\%$$

4. 不可避免的中断时间

由于施工过程操作和组织上的各种原因所造成的不可避免的中断时间。

不可避免的中断时间（T_4'）占工作日作业时间百分比（P_c）计算的计算公式为：

$$P_c = \frac{T_4'}{T_1'} \times 100\%$$

单位产品不可避免的中断时间（T_4'）计算公式为：

$$T_4 = T_1 \times P_c$$

5. 定额时间计算

人工定额的定额时间包括作业时间、准备与计算时间、休息时间、不可避免中断时间。其计算公式为：

$$N = T_1 + T_2 + T_3 + T_4 = T_1[1 + (P_a + P_b + P_c)]$$

7.3.5 人工定额拟定举例

【例 7-2】试进行人工砖墙面抹水泥石灰砂浆项目定额拟定。

（1）计算资料

每 m³ 砂浆运输定额计算：

水平运输距离＝地面水平（50m）＋底层或楼层（30m）＝80m

垂直运距＝20m

运距小计：100m

运输方法：双轮车占 80%，人力占 20%

运输用工：双轮车每运 1m³ 砂浆 0.571 工日

人力每运 1m³ 砂浆 0.725 工日

（2）运输用工计算

$$0.571 \times 80\% + 0.725 \times 20\% = 0.602 \text{ 工日}$$

增加用工：考虑递砂浆上脚手架和二次装卸用，每运 1m³ 砂浆增加 0.123 工日

每 m³ 砂浆运输 100m 用工：0.602＋0.123＝0.725 工日/m³

（3）六层以内垂直运输与加工计算

塔吊每次运量：200～250kg，折合 0.11m³

装卸时间：112s

每天工作时间：400min

底层到二层每吊运一次时间：112＋47＝159s＝2.65min

台班产量：$0.11 \times \dfrac{400}{2.65} = 16.6\text{m}^3$

底层至五层每吊运一次时间：$112+47+25×3=234s=3.9min$

台班产量：$0.11×\dfrac{400}{3.9}=11.3m^3$

台班吊运量在 $11.3～16.6m^3$。

小组劳动组织最多 18 人。

砂浆最大用量计算：每人每天完成 $20m^2$ 抹灰，砂浆厚度 25mm，砂浆用量 $=18×20×0.025=9.0m^3$

砂浆吊装次数：$9.0÷0.11=82$ 次

机械配备人力：按一般综合施工，每天吊盘装卸砂浆用工为 1.25 工日。

每 $10m^2$ 抹灰加工 $=\dfrac{1.25}{9.0÷0.025}×10=0.035$ 工日/$10m^2$

（4）每 $1m^3$ 砂浆调制定额用工计算

每 $1m^3$ 砂浆用料：

砂子：$1m^3$

石灰膏：$0.135m^3$

水泥：200kg（堆积密度 $1429kg/m^3$）

双轮车运输：

砂子：运 50m，每 $1m^3$ 用工 0.151 工日

石灰膏：运 100m，每 $1m^3$ 用工 0.474 工日

水泥：运 100m，每 $1m^3$ 用工 0.746 工日

搅拌砂浆用工：

砂浆搅拌机台班产量为 $12m^3$，则时间定额为 $1/12=0.083$ 工日/m^3

每 $1m^3$ 砂浆调制用工计算

$$0.151×1+0.474×0.135+0.746×\dfrac{200}{1429}+0.083=0.402 \text{ 工日}/m^3$$

麻刀纸筋灰浆每 $1m^3$ 机械搅拌用工 0.588 工日，计算方法同上。

（5）人工水泥石灰砂浆抹砖墙面（$10m^2$）用工计算

1）调制砂浆用工计算

底层、中层砂浆：每 $1m^3$ 砂浆调制用工 0.402 工日，底层中层砂浆厚 21.5mm，每 $1m^2$ 抹灰砂浆用量 $0.0215m^3$，每 $10m^2$ 抹灰砂浆调制用工为：

$$0.402×0.0215×10=0.086 \text{ 工日}/10m^2$$

面层麻刀（纸筋）灰浆：每 $1m^3$ 砂浆调制用工 0.588 工日，麻刀灰浆厚 3.5mm，每 $1m^2$ 抹灰砂浆用量 $0.0035m^3$，每 $10m^2$ 抹灰砂浆调制用工为：

$$0.588×0.0035×10=0.021 \text{ 工日}/10m^2$$

每 $10m^2$ 抹灰面的砂浆调制用工为：

$$0.086+0.021=0.107 \text{ 工日}/10m^2$$

产量定额：$1/0.107=9.35$（$10m^2$/工日）

2）砂浆运输用工计算

100m 运输距离，每 $1m^3$ 用工 0.725 工日，每 $10m^2$ 墙面砂浆用量为 $0.25m^3$，则砂浆运输用工为：

$$0.725 \times 0.25 = 0.181 \text{ 工日}/10\text{m}^2$$

机械垂直运输用工每 10m^2 增加 0.035 工日，则砂浆运输用工为：

$$0.181 + 0.035 = 0.216 \text{ 工日}/10\text{m}^2$$

产量定额：$1/0.216 = 4.63$（$10\text{m}^2/$工日）

3）技工用工确定

根据测定资料分析：

底层：每 10m^2，0.191 工日

中层：每 10m^2，0.298 工日

面层：每 10m^2，0.086 工日

小计：0.575 工日$/10\text{m}^2$

产量定额：$1/0.575 = 1.74$（$10\text{m}^2/$工日）

4）每 10m^2 水泥石灰砂浆砖墙面抹灰综合用工计算

$$调制 + 运输 + 抹灰 = 0.107 + 0.216 + 0.575 = 0.898 \text{ 工日}/10\text{m}^2$$

$$产量定额：1/0.898 = 1.11（10\text{m}^2/工日）$$

7.4 提 升 与 导 学

7.4.1 提升

1. 人的劳动创造价值

从经济学的角度看，任何产品价值都包括活劳动和物化劳动。物化劳动是生产资料的转移价值，活劳动是人们创造的新价值。所以说，人的劳动是创造价值的根本要素，因此人工定额的制定更为重要。

2. 人工费的范围

定额人工费是工程直接费的组成部分，管理费中也有人工费即管理人员工资——新创造的价值，机械费中机上人员工资也是司机新创造的价值等。因此，人工费的范围不能只局限于定额人工费。请学员思考：工程造价的哪些费用中还有劳动者新创造的价值？

3. 人工定额的数据来源

编制人工定额的数据用技术测定法（测时法、写实记录法）获取，最为客观与准确。但是由于操作难度和成本高的原因，新版本预算定额除了新增加的定额项目采用技术测定法获取人工消耗量数据外，较少采用该方法获取定额项目的数据。多数定额项目根据现行定额数据，采用统计分析法来确定。

7.4.2 导学

1. 人工定额的关键词理解

人工定额的关键词有"正常施工条件""合理组织""单位合格产品""劳动消耗""数量标准"。首先要在正常施工、合理组织施工条件下，然后是生产单位合格产品，消耗的劳动数量标准。单位产品是指一个计量单位，如 1m^3、1m^2 或者 1kg 等的劳动产品。

标准是指以人工定额的科学、技术综合成果为基础，有关方共同使用和重复使用，促进实现科学工程管理的共同利益，由主管部门批准颁发的规范性文件。

2. 人工定额的水平

人工定额的水平是"平均先进水平"。平均先进水平是指少数工人可以超额完成、多数工人可以完成、少数工人经过努力才能完成的水平。

人工定额的水平与施工定额和企业定额的水平是一致的，也就是说编制这两种定额时，可以直接将一个人工定额项目或多个人工定额项目的消耗量数据，迁移到对应的施工定额和企业定额项目之中。

3. 时间定额与产量定额

单位时间中完成产品的数量（m^3/工日）称为产量定额，完成单位产品所需要的时间（工日/m^3）称为时间定额。它们之间互为倒数，即产量定额×时间定额＝1。

产量定额便于向工人班组下达工作任务，例如砌砖墙产量定额为 0.90m^3/工日，班组有 5 个工人，班组成员一天就要完成 $0.90 \times 5 = 4.50 m^3$ 的砌砖墙工程量；时间定额便于统计完工数量，进而计算劳动报酬。

例如某施工队一天完成了墙面抹灰工程量 250.00m^2（10m^2/工日）和砌砖墙工程量 292.50m^3，当每个工日的劳动报酬为 200 元时，计算该施工队这天应该计算多少劳动报酬？

由于 m^2 与 m^3 不能相加，要换算为时间定额才能相加，即 $250.00 \div 10 + 292.50 \div 0.90 = 350.00$ 工日，即施工队这天应该计算 350 工日×200 元/工日＝70000 元的劳动报酬。

复 习 思 考 题

1. 什么是人工定额？
2. 如何理解平均先进水平原则？举例说明。
3. 如何理解简明适用原则？举例说明。
4. 简述人工定额的编制依据。
5. 简述人工定额编制方法。
6. 如何计算属于定额的休息时间？

8 材料消耗定额编制

知识点

掌握材料消耗量定额的概念；掌握材料消耗量定额的构成内容；掌握材料消耗定额编制的现场技术测定法；理解材料消耗定额编制的统计计算法；掌握材料消耗定额编制的理论计算法。

技能点

会计算墙体材料定额消耗量；会计算防潮卷材定额消耗量；会计算砖柱标准砖定额消耗量。

课程思政

"港珠澳大桥"东起香港国际机场附近的香港口岸人工岛，向西横跨南海伶仃洋水域接珠海和澳门人工岛，止于珠海洪湾立交；桥隧全长 55km，其中主桥 29.6km、香港口岸至珠澳口岸 41.6km；桥面为双向六车道高速公路，设计速度 100km/h；工程项目总投资额 1269 亿元，凝聚了造价工程师在内全体建设者的聪明才智。"港珠澳大桥"是世界上最长的跨海大桥，兼具世界上最长的沉管海底隧道，它将香港、澳门、珠海三地连为一体。建设者以大国工匠的风范、用世界最大的巨型震锤来完成人工岛的建造，沟通起跨海大桥与海底隧道，用科技和勇气完成了这个奇迹工程。港珠澳大桥是一项史无前例的工程，是中国人民的骄傲！

8.1 材料消耗量定额的概念与构成

8.1.1 材料消耗量定额的概念

在正常施工条件下，在合理使用材料情况下，生产质量合格的单位产品所必须消耗的建筑安装材料的数量标准。

8.1.2 材料消耗量定额的构成

材料消耗量定额由完成单位合格产品所必须消耗的材料净用量和材料损耗量构成。

$$材料消耗量 = 净用量 + 损耗量$$

$$材料损耗率 = \frac{损耗量}{消耗量}$$

$$材料消耗量 = \frac{净用量}{1 - 损耗率}$$

8.2　材料消耗量定额编制方法

8.2.1　现场技术测定法

1. 计算要求与方法

采用该方法编制材料消耗量定额，首先要选择观察对象。观察对象应符合以下要求：

1）建筑构造和结构为典型工程；

2）施工符合技术规范要求；

3）材料品种与质量符合设计要求和质量验收规范要求；

4）被测定的工人在节约材料和保证产品质量方面有较好的成绩。

现场技术测定法主要适用于材料消耗量定额。

通过现场观察确定损耗率的计算方法为：

$$P = \frac{N - N_0}{N} \times 100\%$$

式中　P——材料损耗率；

　　　N——某种材料现场观察消耗量（全部消耗量）；

　　　N_0——根据图纸计算的消耗量（净用量）。

2. 计算实例

【例8-1】某工程砌筑240mm厚灰砂标准砖墙，根据图纸计算出来的数量是529.1块/m^3，现场观察的灰砂标准砖用量是537块/m^3，求灰砂标准砖损耗率。

解：$P = \dfrac{N - N_0}{N} = \dfrac{537 - 529.1}{537} \times 100\% = 1.5\%$

8.2.2　实验法

实验法是在实验室内进行观察生产合格产品材料消耗量的方法。这种方法主要研究产品强度与材料消耗量的数量关系，以获得各种配合比，并以此为基础计算出各材料消耗量，例如测算某强度等级混凝土所需原材料消耗量。

8.2.3　统计法

统计法是以施工现场积累的分部分项工程使用材料数量、完成产品数量、完成工作后的材料剩余量等统计资料为基础，经过分析整理，计算出单位产品材料消耗量的方法。基本思路：

某分项工程施工时共领料 N_0，项目完工后，退回材料的数量为 ΔN，则用于该分项工程上的材料数量为：

$$N = N_0 - \Delta N$$

若该产品的产量为 n，则单位产品的材料消耗量为：

$$M = \frac{N}{n} = \frac{N_0 - \Delta N_0}{n}$$

该方法简单易行，不需要专门组织人员测定或试验。

8.2.4　理论计算法

理论计算法是根据施工图和建筑构造要求，采用理论计算公式计算出产品材料净用量的方法。该方法适用于块、板类建筑材料消耗量的确定。例如，砖、各种板材、瓷砖、半成品配合比用量等。

1. 墙体材料消耗量计算方法

某墙厚的砖（砌块）用量计算方法：

$$每\ m^3\ 墙体砌块（砖）净用量（块）=\frac{1}{墙厚×（块长＋灰缝）×（块厚＋灰缝）}$$
$$×标准块中的砌块（砖）块数$$

$$砌块消耗量（块）=\frac{砌块净用量}{1－损耗率}$$

$$每\ m^3\ 墙体砂浆净用量=1m^3－砌块净用量×长×宽×厚$$

$$砂浆消耗量（m^3）=\frac{砂浆净用量}{1－损耗率}$$

2. 地面防潮卷材消耗量计算

$$铺每\ 100m^2\ 卷材净用量=\frac{每卷面积×100}{（卷材宽－长边搭接）×（卷材长－短边搭接）}$$

$$卷材消耗量=\frac{卷材净用量}{1－损耗率}$$

3. 屋面防水油毡卷材用量计算

【例 8-2】屋面油毡卷材防水，卷材规格 0.915m×21.86m≈20m²，铺卷材时，长边搭接 160mm，短边搭接 110mm，损耗率 1%。

解：

$$每\ 100m^2\ 卷材净用量=\frac{20m^2×100m^2}{（0.915－0.16）m×（21.86－0.11）m}=121.80m^2$$

$$每\ 100m^2\ 卷材消耗量=\frac{121.80m^2}{1－1\%}=123.03m^2$$

4. 砖柱标准砖消耗量计算

（1）方柱标准砖用量计算公式

$$矩形柱标准砖净用量（块）=\frac{一层的砖块数}{柱断面积×（砖厚＋灰缝）}$$

$$砂浆净用量=1m^3－砖净用量×单块砖体积$$

（2）圆柱砖的净用量计算同方柱的方法

$$圆柱砂浆净用量=\frac{（圆柱断面积＋竖缝长×砖厚）×灰缝厚}{圆柱断面积×（砖厚＋灰缝）}$$

5. 现浇混凝土模板用量计算

（1）每 m³ 混凝土的模板一次使用量计算

$$每\ m^3\ 混凝土的模板一次使用量=\frac{1m^3\ 混凝土接触面积×每\ m^2\ 接触面积模板净用量}{1－制作损耗率}$$

（2）周转使用量计算

$$周转使用量=一次使用量×\frac{1＋（周转使用量－1）×补损率}{周转次数}$$

（3）回收量计算

$$回收量＝一次使用量×\frac{1－补损率}{周转次数}$$

（4）摊销量计算

$$摊销量＝周转使用量－回收量×折旧率$$

6. 预制混凝土构件模板用量计算

$$摊销量＝\frac{一次使用量}{周转次数}$$

8.3　提　升　与　导　学

8.3.1　提升

1. 材料损耗率

在很多时候根据材料净用量计算材料消耗量的公式为：

$$消耗量＝净用量×（1＋损耗率）　即，损耗率＝损耗量÷净用量$$

从严格意义上来说，上述计算公式是有缺陷和不足的。

问题在于损耗率应该是损耗量与全部消耗量之比，不能是与净用量之比。因为损耗量是全部消耗量的一部分，与之相比才是完整的损耗量。所以：

$$损耗率＝损耗量÷消耗量，　即　消耗量＝\frac{净用量}{1－损耗率}$$

另外，教材中介绍的建筑材料现场技术测定法技术的损耗率，也是这个方法。

不可否认，用乘法计算消耗量的方法较为简单，但是采用的损耗率就不能是损耗率而应该计作损耗率，即损耗率＝损耗量÷净用量。

2. 周转材料的定额消耗量

模板、脚手架等周转材料的定额消耗量是周转材料的摊销量，不是一次使用量。例如，预制混凝土构件模板定额用量是：$摊销量＝\dfrac{模板一次使用量}{周转次数}$。

这是典型的摊销量计算方法，没有计算每周转一次后的模板补损量。实际上已经把每次的补损量与一次使用量加总后，再除以周转次数计算出了摊销量。

8.3.2　导学

1. 净用量与损耗量都是定额

$$材料消耗量定额＝材料净用量定额＋材料损耗率量定额$$

净用量可以用理论计算法取得，但是有些材料消耗量是不方便计算的。例如，木门油漆消耗量，必须通过现场测定或者实验室测定的方法确定。损耗量一般要通过现场技术测定方法获取。所以，净用量和损耗量都是定额。

2. 标准块的含义

标准块是指砌体中砖（砌块）包含灰缝且具有代表性的组合块。不管什么样的砌体，只要确认砌体是用该组合块砌砖而成的，那么划分的标准块是准确的。

不管什么砌体，都可以划分标准块。用一个立方米去除以标准块，就得到了标准块的数量，再除以砖（砌块）在标准块中的数量，就得到了砖（砌块）的净用量。这就是运用标准块的概念计算砖（砌块）数量的方法。

复习思考题

1. 什么是材料消耗量？
2. 什么是材料损耗量？
3. 什么是材料损耗率？
4. 材料消耗量与材料损耗率是什么关系？
5. 如何通过现场观察确定材料损耗率？
6. 如何运用统计法确定材料消耗量？
7. 防水卷材的搭接长度如何确定？
8. 标准砖方柱与圆柱用砖量计算方法有什么不同？

9　机械台班定额编制

知识点

掌握机械台班消耗量定额的概念；理解机械时间定额和台班定额的概念；掌握机械台班消耗量定额编制方法；掌握确定机械净工作 1 小时生产率方法；掌握机械台班产量计算方法。

技能点

会计算机械净工作 1 小时生产率；会计算混凝土搅拌机台班定额；会计算构件运输机械台班定额。

课程思政

"交子"出现于北宋时期，是我国乃至世界上发行最早的纸币。当时我国四川地区通行铁钱，铁钱值低量重，使用极为不便。当时"一铜钱抵铁钱十"，每千铁钱的重量，大钱 25 斤，中钱 13 斤。买一匹布需铁钱两万，重约 500 斤，要用车载。纸币比金属货币容易携带，可以在较大范围内使用，有利于商品的生产与流通。

可见，我国古代劳动人民早已发现货币在生产生活中的重要作用，"交子"的发明促进了我国古代商品经济的发展。

9.1　机械台班消耗量定额的概念与表达形式

9.1.1　机械台班消耗量定额的概念

机械台班消耗量定额是在合理使用机械和合理施工组织条件下，完成单位合格产品所必须消耗的机械台班数量。

9.1.2　机械台班消耗量定额表达形式

机械时间定额是指在正常施工条件下和合理劳动组织条件下，某种型号的机械完成合格产品所必须消耗的台班数量。

$$机械时间定额 = \frac{1}{机械产量定额}$$

机械产量定额是指正常施工条件下和合理劳动组织条件下，某种型号的机械在一个台班时间内必须完成合格产品的数量。

$$机械产量定额 = \frac{1}{机械时间定额}$$

9.2　机械台班消耗量定额编制方法

9.2.1　拟定正常施工条件

机械正常施工条件的拟定，主要根据机械施工过程的特点和充分考虑机械性能及装置的不同要求。

（1）机械时间定额构成

机械净工作时间是指工人利用机械对劳动对象进行加工，用于完成基本操作所消耗的时间，它与完成产品的数量成正比。主要包括机械有效工作时间、机械在工作循环中不可避免的无负荷时间、与操作有关的不可避免的中断时间。

机械其他工作时间包括机械定期的无负荷和定期的不可中断时间、操作机械配合工人准备与结束工作时间不可中断的时间、机械配合工人休息时不可避免的中断时间。

（2）机械时间利用系数

机械时间利用系数是指机械净工作时间与工作班延续时间的比值，计算公式为：

$$K_B = \frac{t}{T}$$

式中　K_B——机械时间利用系数；

　　　t——机械净工作时间；

　　　T——工作班延续时间。

9.2.2　非定额时间

非定额时间是指损失时间，是机械工作班内与生产产品无关的时间损失。包括多余工作时间、违反劳动纪律损失的时间、机械停工损失的时间。

9.2.3　确定机械净工作 1 小时生产率

循环动作机械净工作 1 小时生产率，取决于该机械净工作 1 小时的正常循环次数和每次循环的产品数量。计算公式为：

$$N_h = n \cdot m$$

式中　N_h——机械净工作 1 小时生产率；

　　　n——机械净工作 1 小时的循环次数；

　　　m——每次循环的产品数量。

净工作 1 小时正常的循环次数可由下列公式计算：

$$n = \frac{60}{t_1 + t_2 + t_3 +, \cdots, + t_n}$$

机械每次循环所产生的产品数量 m，同样可以通过计时观察取得。

连续动作机械净工作 1 小时生产率，主要根据机械性能来确定。计算公式为：

$$N_h = \frac{m}{t}$$

式中　N_h——机械净工作 1 小时生产率；

　　　t——机械工作延续时间；

　　　m——机械工作延续时间的产品数量。

9.2.4 机械台班产量

机械台班产量等于该机械净工作 1 小时生产率乘以工作班延续时间，再乘以台班时间利用系数求得。计算公式为：

$$N_{台班} = N_{h} \cdot T \cdot K_{B}$$

式中　$N_{台班}$——机械台班产量；

　　　N_{h}——机械净工作 1 小时生产率；

　　　T——工作班延续时间；

　　　K_{B}——台班时间利用系数。

9.2.5 混凝土搅拌机台班确定方法

在一定的后台上料设备和合理劳动组织情况下，周期式混凝土搅拌机净工作 1 小时生产率计算公式为：

$$N_{h} = \frac{3600}{t} \cdot m \cdot K_{A}$$

式中　m——搅拌机设计容量；

　　　K_{A}——混凝土出料系数（混凝土出料体积与搅拌机设计容积的比值）；

　　　t——混凝土搅拌机每一循环的工作延续时间。

9.2.6 水平运输机械台班确定方法

自卸载重汽车每一循环的延续时间计算公式为：

$$T = \frac{2L}{V} + t_{a} + t_{b} + t_{c} + t_{d}$$

式中　L——装车地点与卸车地点的距离（m）；

　　　V——平均行驶速度；

　　　t_{a}——装车时间；

　　　t_{b}——卸车时间；

　　　t_{c}——调位时间；

　　　t_{d}——候装时间。

台班产量计算公式为：

$$N_{台班} = N_{h} \cdot 8 \cdot K_{B}$$

式中　K_{B}——台班时间利用系数。

9.2.7 构件运输机械台班确定方法

一次循环时间计算公式为：

$$t = t_{a} + \frac{2L_{2}}{V} + t_{b}$$

式中　t——每装卸一次循环时间；

　　　t_{a}——每装一车所需时间；

　　　L_{2}——装车地点到卸车地点的距离（m）；

　　　V——平均行驶速度；

　　　t_{b}——卸车时间。

台班车次计算公式为：

$$E = \frac{8 \cdot K_B}{t}$$

式中　E——台班车次；

　　　K_B——台班时间利用系数；

　　　t——每一次循环延续时间。

台班产量计算公式为：

$$N_{台班} = Q \cdot K_C \cdot E$$

式中　Q——车辆时间吨位；

　　　K_C——装载系数。

9.2.8　吊装起重机械台班确定方法

吊装起重机械与工程量、工期之间的关系表达式：

$$N = \frac{1}{T \cdot C \cdot K_B} \times \sum \frac{Q}{P}$$

式中　N——起重机台数；

　　　T——建筑施工工期；

　　　C——每天工作班次数；

　　　K_B——机械时间利用系数；

　　　Q——每种构件吊装的工程量；

　　　P——起重机的台班产量定额。

净工作 1 小时的正常循环次数计算公式为：

$$n' = \frac{60}{t_c + t_d}$$

式中　n'——机械净工作 1 小时正常循环次数；

　　　t_c——包括起重机和安装工人小组协同工作的循环组成部分的延续时间；

　　　t_d——起重机独立工作的循环组成部分的延续时间。

净工作 1 小时的生产率计算公式为：

$$n_h = \frac{60}{t_c + t_d} \cdot m$$

式中　m——每次吊装的数量。

台班产量计算公式为：

$$N_{台班} = N_h \cdot 8 \cdot K_B$$

式中　K_B——机械时间利用系数。

9.3　提 升 与 导 学

9.3.1　提升

1. 机械台班

我国的劳动制度是每天工作 8 小时，即一个工日按 8 小时计算。机械操作人员也是每天工作 8 小时，所以机械工作 8 小时计算一个台班。

2. 建筑机器人如何计算台班

我国的施工企业已经使用建筑机器人建筑房屋。请学员思考：是否需要编制机器人台班定额呢？

首先分析：机械台班定额有何作用？定额是施工生产管理与成本控制的工具，目的是不断提高劳动生产率。作为建筑智能机器人从本质上来讲，也是施工生产管理和成本控制的工具，虽然机器人可以不吃不喝没有怨言一直工作下去，但是操作机器人的机械师需要休息，也是8小时工作制。而且，每个机械师操作机器人的效率是不同的。所以，在现阶段应该编制建筑机器人台班定额，考核机器人工作效率和机械师工作效率，达到不断提升生产率水平的目的。

将来建筑机器人的智能化水平接近人的思维能力后，也要考核智能机器人程序员的水平，还是要编制机器人台班定额。

9.3.2　导学

1. 非定额时间判断

凡是与产品生产无直接或间接关系的机械工作时间，都是非定额时间。例如，循环工作的无负荷机械工作时间是与该产品生产间接有关的时间，所以属于定额时间。

2. 机械时间利用系数

机械时间利用系数是采用技术测定法，通过典型工作任务对施工机械进行现场测定和计算取得的，所以它是机械台班定额的组成部分。

复 习 思 考 题

1. 什么是机械台班消耗量定额？
2. 机械台班消耗量定额有几种表达方式？
3. 什么是非定额时间？
4. 机械中断时间可以算定额时间吗？
5. 为什么要确定机械净工作1小时生产率？
6. 机械时间利用系数是如何确定的？

10   企 业 定 额 编 制

知识点

掌握企业定额的概念；掌握企业定额编制原则；掌握技术测定资料编制企业定额方法。

技能点

会计算铺地砖的定额消耗量；会计算计算铺地砖用工数量；会计算铺地砖机械台班用量。

课程思政

《营造法式》中国古代最完善的土木建筑工程著作之一，由北宋著名建筑学家——李诚编著，全书共三十四卷，由释名、制度、功限、料例和图样等五部分构成。其中，"功限"相当于现在的人工定额；"料例"相当于现在的材料消耗定额。《营造法式》关于人工和材料消耗量定额的应用，彰显了古代劳动人民的聪明才智，也为现代研究建设定额的起源、理论与方法提供了宝贵的历史资料。

10.1   施工阶段企业定额

10.1.1   企业定额的概念

企业定额是指建筑安装企业以工程建设各类技术与管理规范为依据，在合理组织施工和安全操作条件下，规定消耗在单位合格产品上的人工、材料、机械台班以及货币的数量标准。

企业定额是施工企业结合自身管理和技术装备素质，在定性和定量分析资源要素，并合理配置的基础上，遵循市场经济规律，采用科学的技术

建立计算机定额库

测定方法编制的。它所规定的消耗量标准，一方面反映了市场经济条件下企业为市场提供质量合格单位产品必须达到的要素含量；另一方面也反映了施工企业工作质量和产品质量的高低以及衡量工作效率取得劳动报酬多少的重要尺度。

企业定额反映了本企业平均先进生产力水平。企业定额一般由人工定额、材料消耗定额和机械台班定额构成。

10.1.2   企业定额的作用

企业定额的作用是通过企业内部管理和外部经营活动体现出来的。如何利用企业定额在内部管理和外部经营活动中以最少的劳动与物质资源的消耗，获得最大的效益，是施工

企业在激烈的市场竞争中能否占领市场,掌握市场主动权的关键所在。

企业定额(施工定额)所规定的消耗量指标,是企业资源优化配置的反映,是本企业管理水平与人员素质及企业精神的体现。在以提高产品质量、缩短工期、降低产品成本和提高劳动生产率为核心的企业经营与管理中,强化企业定额的管理,实行有定额的劳动,永远是企业立于不败之地的重要保证。因此,在企业组织资源进行施工生产和经营管理中,企业定额应发挥以下作用:

1. 企业定额(施工定额)是编制施工组织设计和施工作业计划的依据

施工组织设计是企业全面安排和指导施工的技术经济文件,是保证施工生产顺利进行不可缺少的条件。

施工组织设计主要包括三部分内容,即:①确定所建工程的资源需用量;②拟定使用这些资源的最佳时间安排;③做好施工现场的平面规划。企业定额是确定所建工程资源需用量的依据。

施工作业计划分为月作业计划和旬作业计划。无论是月计划、旬计划,都要对劳动力需用量、施工机械进行平衡;都要计算材料、预制品及混凝土的需用量;要计算实物工程量,建筑安装工程产值等。这些都要以企业定额为依据编制。

2. 企业定额(施工定额)是项目经理部向班组签发施工任务单和限额领料单的依据

施工任务单是将施工作业计划落实到班组的执行文件,也是记录班组完成任务情况和结算劳动报酬的依据。施工任务单中完成任务的产量定额、工日数量都要根据企业定额计算。

限额领料单是随施工任务单同时签发的领取材料的凭证。这一凭证是根据企业定额中材料消耗定额填写计算的。该领料单是班组完成规定任务所消耗材料的最高限额。

3. 企业定额(施工定额)是贯彻经济责任制,实行按劳分配的依据

经济责任制是实行按劳分配的有力保证。按劳分配就是按劳动者的劳动数量和质量进行分配。劳动质量可折算为劳动数量,所以实质上是按劳动数量进行分配。

经济责任制是以劳动者对企业承担经济责任为前提,超额有奖,完不成定额受罚,使劳动者的个人利益与生产成果紧密联系起来。劳动者劳动成果的好坏,其客观标准以企业定额为基础。因此,企业定额是贯彻经济责任制,实行按劳分配的依据。

4. 企业定额是编制施工预算,实行成本管理的基础

施工预算是施工企业用以确定单位工程上人工、材料、机械台班消耗量以及货币量的技术经济文件。施工预算依据施工图和企业定额编制。

施工预算反映了合理的工程预算成本。通过施工预算指导班组核算和企业成本核算是控制工程实际成本的有效手段。因此,企业定额是实施成本管理的重要基础。

5. 企业定额是工程投标报价的重要基础

《建设工程工程量清单计价规范》实施以后,采用工程量清单计价方式进行招投标,投标单位可以根据国家指导定额进行投标报价,也可以根据企业定额进行投标报价。在建筑市场激烈竞争的今天,为了使自己占据有利地位,承包商采用企业定额进行投标报价往往是决策者的首选方案。

因此,企业定额是工程投标报价的重要基础。

10.1.3 企业定额编制原则

1. 平均先进水平原则

应该明确，编制的企业定额应达到本企业劳动生产率的平均先进水平。

定额水平是编制定额的核心问题。平均先进水平是指在正常施工条件下经过努力，多数生产者或班组能够达到或超过的水平，少数生产者或班组可以接近的水平。一般说来它低于先进水平，而略高于平均水平。因为我们要通过执行企业定额达到提高企业生产力水平的目的，所以只有采用平均先进水平才能促进企业生产力水平的提高，才能增强企业的竞争能力。

要使企业定额达到平均先进水平，应做到：

（1）要处理好数量与质量的关系；要在生产合格产品的前提下，规定必要的资源消耗量标准；生产技术必须是成熟的并得到了推广应用；产品质量必须符合现行质量及验收规范的要求。

（2）对技术测定的原始资料要进行分析整理，剔除个别、偶然、不合理的数据，尽可能使计算数据具有代表性、实践性和可靠性。

（3）要选择正常的施工条件、正确的施工方法和方案，劳动组织要适合劳动者的操作并促进劳动生产率的提高。

（4）要合理选择观察对象，规定该施工过程选用的机具、设备和操作方法，明确规定原材料和构件的规格、型号、运距和质量要求。

（5）从实际出发，调整定额子目之间和水平的平衡，处理好自然条件带来的劳动生产率水平不平衡因素。

总之，在确定企业定额水平时，既要考虑本企业的实际情况，又要考虑市场竞争的环境。

2. 简明适用原则

为了能够满足组织施工生产、计算工人劳动报酬、计算工程投标报价等多种需要，企业定额应该满足简单明了、容易掌握、便于使用等要求。

企业定额的表现形式、项目划分、计量单位、工程量计算规则都应按上述要求确定。工、料、机消耗量要正确反映本企业实际的生产力水平。

3. 专业人员与群众相结合，以专业人员为主的原则

编制企业定额是一项技术性很强的工作，需要对项目进行大量现场测定和数据整理、分析，业务要求较高。因此，必须要有专业技术人员来完成。

工人群众是执行定额的主体，又是测定定额的对象。他们对施工生产中实际发生的各种消耗量最了解，对定额执行情况和其中的问题最清楚。所以，在编制定额过程中要注意征求他们的意见取得工人群众的支持和配合。

贯彻专家与群众相结合，以专家为主编制定额的原则，有利于提高定额的编制质量和水平，有利于定额的贯彻执行。

10.2 根据技术测定资料编制企业定额

企业定额包括三种消耗量，即人工、材料、机械台班消耗量。

根据现场技术测定资料，采用一定的分析和计算方法，可以直接编制企业定额。下面通过地砖楼地面装饰项目的编制实例，来说明企业定额的编制过程。

10.2.1 编制步骤与方法

1. 确定计量单位

地砖楼地面装饰项目的计量单位确定为 m^2，扩大计量单位为 $100m^2$。

2. 选择典型工程

选择有代表性的地砖楼地面项目的典型工程，并采用加权平均的方法计算单间装饰面积。

甲、乙、丙三项工程，楼地面铺地砖的现场统计和测定资料如下：

（1）地面砖装饰面积及房间数量见表 10-1。

甲、乙、丙三项工程地面砖装饰面积及房间数量　　　　表 10-1

工程名称	地面砖装饰面积（m^2）	装饰房间数量	本工程占建筑装饰工程百分比（%）
甲	850	42 间	41
乙	764	50 间	53
丙	1650	5 间	6

（2）地面砖及砂浆用量。根据现场取得测定资料，地面砖尺寸为 $500mm×500mm×8mm$，损耗率 2%；水泥砂浆黏结层厚 10mm，灰缝宽 1mm，砂浆损耗率均为 1.5%。

（3）按甲、乙、丙工程施工图计算出应另外增加或减少的铺地面砖面积，见表 10-2。

另外增加或减少的铺地面砖面积　　　　表 10-2

名称工程	门洞开口处增加面积（m^2）	附墙柱、独立柱减少面积（m^2）	房间数	本工程占建筑装饰工程百分比（%）
甲	10.81	2.66	42	41
乙	14.23	4.01	50	53
丙	2.61	3.34	5	6

（4）按现场观察资料确定的时间消耗量见表 10-3。

时间消耗量　　　　表 10-3

基本用工	数量	辅助用工	数量
铺设地面砖用工	1.215 工日/10m^2	筛砂子用工	0.208 工日/m^3
调制砂浆用工	0.361 工日/m^3		
运输砂浆用工	0.213 工日/m^3		
运输地面砖用工	0.156 工日/10m^2		

（5）施工机械台班量确定方法见表 10-4。

施工机械台班量确定方法　　　　表 10-4

机械名称	台班量确定
砂浆搅拌机	按小组配置，根据小组产量确定台班量
石料切割机	每小组 2 台，按小组配置，根据小组产量确定台班量

注：铺地砖工人小组按 12 人配置。

10.2.2　计算加权平均单间面积

根据表 10-1 计算加权平均单间面积：

$$加权平均单间面积 = \frac{850m^2}{42} \times 41\% + \frac{764m^2}{50} \times 53\% + \frac{1650m^2}{5} \times 6\%$$

$$= 36.2m^2$$

10.2.3　计算地砖和砂浆用量

根据现场取得的测定资料，计算每 $100m^2$ 地砖的块料用量和砂浆用量。

$$每100m^2 地砖的块料用量 = \frac{100m^2}{[(0.50+0.001)\times(0.50+0.001)]m^2/块}/(1-2\%)$$

$$= 398.41 块/98\%$$

$$= 406.54 块$$

$$每100m^2 地砖结合层砂浆消耗量 = \frac{100m^2 \times 0.01m}{1-1.5\%} = 1.015m^3$$

$$每100m^2 地砖灰缝砂浆消耗量 = \frac{(100-0.5\times0.5\times398.41)m^2 \times 0.008m}{1-1.5\%}$$

$$= 0.003m^3$$

每 $100m^2$ 地砖砂浆消耗量小计：$(1.015+0.003)m^3 = 1.018m^3$

10.2.4　调整地砖和砂浆用量

根据表 10-2 数据调整铺 $100m^2$ 的地砖和砂浆用量。

企业定额的工程量计算规则规定，地砖楼地面工程量按地面净长乘以净宽计算，不扣除附墙柱、独立柱及 $0.3m^2$ 以内孔洞所占面积，但门洞开口处面积也不增加。根据上述规定，在制定企业定额时应调整地砖和砂浆用量。

$$每100m^2 地砖块料用量 = \frac{典型工程加权平均单间面积+调整面积}{典型工程加权平均单间面积} \times 每100m^2 地砖用量$$

$$= \frac{36.20 + \left(\frac{10.81-2.66}{42}\times41\% + \frac{14.23-4.01}{50}\times53\% + \frac{2.61-3.34}{5}\times6\%\right)}{36.20}$$

$$\times 406.54 块$$

$$= \frac{36.20 + (0.080+0.108-0.009)}{36.20} \times 406.54 块$$

$$= 1.0049 \times 406.54 块$$

$$= 408.55 块$$

$$每100m^2 地砖砂浆用量 = \frac{典型工程加权平均单间面积+调整面积}{典型工程加权平均单间面积} \times 每100m^2 砂浆用量$$

$$= 1.0049 \times 1.018m^3$$

$$= 1.023m^3$$

10.2.5　计算铺地砖用工数量

根据表 10-3 计算铺 $100m^2$ 地砖的用工数量。

（1）计算基本用工

$$铺地砖用工 = 1.215 工日/10m^2 = 12.15 工日/100m^2$$

$$调制砂浆用工 = 0.361 工日/m^3 \times 1.023m^3/100m^2 = 0.369 工日/100m^2$$

运输砂浆用工＝0.213 工日/m³×1.023m³/100m²＝0.218 工日/100m²

运输地砖用工＝0.156 工日/10m²＝1.56 工日/100m²

基本用工量小计：（12.15＋0.369＋0.218＋1.56）＝14.297 工日/100m²

（2）计算辅助用工

筛砂子用工＝0.208 工日/m³×1.023m³/100m²＝0.213 工日/100m²

用工量小计：（14.297＋0.213）工日/100m²＝14.510 工日/100m²

10.2.6　计算机械台班用量

根据表 10-4 计算铺 100m² 地砖的台班数量：

$$铺地砖的产量定额＝\frac{1}{时间定额}＝\frac{1}{14.510\ 工日/100m²}$$

$$＝6.89m²/工日$$

$$每\ 100m²\ 地砖砂浆搅拌机台班量＝\frac{1}{小组总产量}×100m²$$

$$＝\frac{1}{(6.89×12)m²/台班}×100m²$$

$$＝1.209\ 台班$$

每 100m² 地砖面料切割机台班量＝1.209 台班×2＝2.418 台班

10.3　提 升 与 导 学

10.3.1　提升

企业定额与施工定额都是施工企业使用的定额。为了区分一个主要用于企业投标报价，一个主要用于企业内部管理，所以设置为企业定额与施工定额两种定额。

这两种定额的水平是一致的，但内容有所不同。施工定额只包含人工、材料、机械台班消耗量，企业定额既包含人工、材料、机械台班消耗量，还包含基于这些消耗量的货币量。所以，企业定额包含施工定额的内容。

施工定额主要用于给班组下达施工任务单和限额领料单，不涉及资金，所以没有反映货币量。

企业定额主要用于编制投标报价、施工预算和计算分包工程的计件工资。所以，既需要消耗量也需要货币量。

10.3.2　导学

1. 企业定额与施工定额的本质特征

企业定额与施工定额的本质特征是基本一致的。可以从这几个方面认识这个问题：从定额的本质特征来说，定额的消耗量才能真正反映其水平；企业定额与施工定额的项目划分是基本一致的；项目划分的步距主要满足适用于施工管理和成本管理等方面的要求。

2. 预算定额的项目比企业定额项目的不同点

预算定额的项目比企业定额项目的步距要大。例如，预算定额黏土空心砖砌墙项目不区分内墙与外墙，也已经包含砌砖及 50m 以内运砖的用工；而企业定额往往将砌内墙、砌外墙、运砖列为 3 个不同的定额项目。

3. 预算定额与企业定额的关系

由于几个企业定额项目可以组成一个预算定额项目。所以，可以依据企业定额来编制预算定额。这时，将企业定额的消耗量水平（平均先进）降为预算定额消耗量水平（平均）的工作，是编制预算定额的主要工作。

4. 用企业定额编制投标报价

由于企业定额的项目划分与招标文件的工程量清单项目划分是不一致的，所以使用企业定额报价时需要确定如何组合几个企业定额项目，来对应完成一个清单项目的综合单价计算，这项工作在实施过程中比较繁琐。如果将预算定额消耗量水平提升为平均先进水平，那么就可以直接用于编制综合单价，计算投标报价。

复习思考题

1. 简述企业定额的内涵。
2. 企业定额有哪些作用？
3. 企业定额编制原则是什么？为什么要确定这些原则？
4. 根据什么数据资料编制企业定额比较科学？
5. 企业定额与施工定额的最大区别是什么？

11　企业定额编制实务

知识点

　　掌握钢管脚手架企业定额项目编制方法；掌握砖基础企业定额项目编制方法；掌握砖墙面抹灰企业定额项目编制方法；掌握铝合金门窗制安定额项目编制方法。

技能点

　　能完成钢管脚手架企业定额编制实训项目；能完成基础企业定额实训项目；能完成砖墙面抹灰企业定额实训项目。

课程思政

　　"坚持教育为社会主义现代化建设服务、为人民服务，把立德树人作为根本任务，全面实施素质教育，培养德智体美全面发展的社会主义建设者和接班人。"教学中要始终把"立德"放在首位。立德才能树人，才能培养出为人民服务、为社会主义服务的接班人。

　　"实事求是、不弄虚作假"是工程造价行业的职业道德规范。《中华人民共和国招标投标法实施条例》第七十二条规定，评标委员会成员收受投标人的财物或者其他好处的，没收收受的财物，处 3000 元以上 5 万元以下的罚款，取消担任评标委员会成员的资格，不得再参加依法必须进行招标的项目的评标；构成犯罪的，依法追究刑事责任。

11.1　钢管脚手架企业定额项目编制实例

11.1.1　认识钢管脚手架

1. 钢管脚手架的类型

脚手架是指建筑工程施工中堆放材料和工人进行操作的临时设施。

按其搭设位置分为外脚手架和内脚手架；按其所用材料分为木脚手架、竹脚手架、钢管脚手架；按其构造形式分为多立门式、门型、桥式、悬挑式、挂式、爬升式脚手架等。

目前工程施工中主要使用的是钢管脚手架，房屋建筑中扣件式钢管脚手架（见图 11-1）较多使用，而桥梁工程中以碗扣式脚手（见图 11-2）架为主。

2. 钢管与配件

（1）钢管

脚手架钢管应采用国家标准《直缝电焊钢管》GB/T 13793—2016 或《低压流体输送用焊接钢管》GB/T 3091—2015 中规定的 Q235 普通钢管，型号宜采用 $\phi48.3\times3.6\text{mm}$，

热爱专业为现代化建筑业贡献力量

见图 11-3。脚手架钢管刷防锈漆见图 11-4。

图 11-1　扣件式钢管脚手架

图 11-2　碗扣式钢管脚手架

图 11-3　ϕ48.3×3.6mm 脚手架钢管

图 11-4　脚手架钢管刷防锈漆

（2）扣件

钢管脚手架扣件包括十字（直角）扣件（见图 11-5、图 11-6）、旋转扣件（见图 11-7、图 11-8）、一字扣件（见图 11-9、图 11-10）、底座（见图 11-11、图 11-12）等。

图 11-5　十字（直角）扣件

图 11-6　十字扣件固定相互垂直钢管

图 11-7　旋转扣件

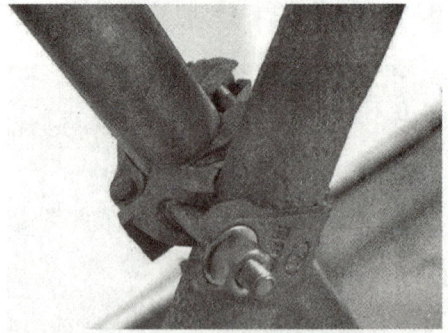

图 11-8　旋转扣件固定非垂直钢管

图 11-9　一字扣件

图 11-10　一字扣件连接（接长）两根钢管

图 11-11　钢管脚手架底座

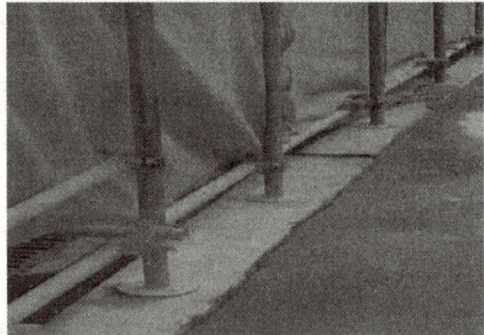

图 11-12　钢管脚手架底座使用

3. 钢管脚手架构造

钢管脚手架构造示意见图 11-13。

11.1.2　钢管脚手架计算实例有关数据

1. 脚手架材料使用寿命（表 11-1）

脚手架材料使用寿命　　　　　　　　　　　　　表 11-1

序号	材料	寿命
1	钢管（$\phi48\times3.6$）	180 个月
2	扣件	120 个月

序号	材料	寿命
3	底座	180 个月
4	安全网	1 次
5	架板	42 个月
6	缆风绳	42 个月
7	缆风桩	42 个月
8	防锈漆	180 个月
9	溶剂油	180 个月

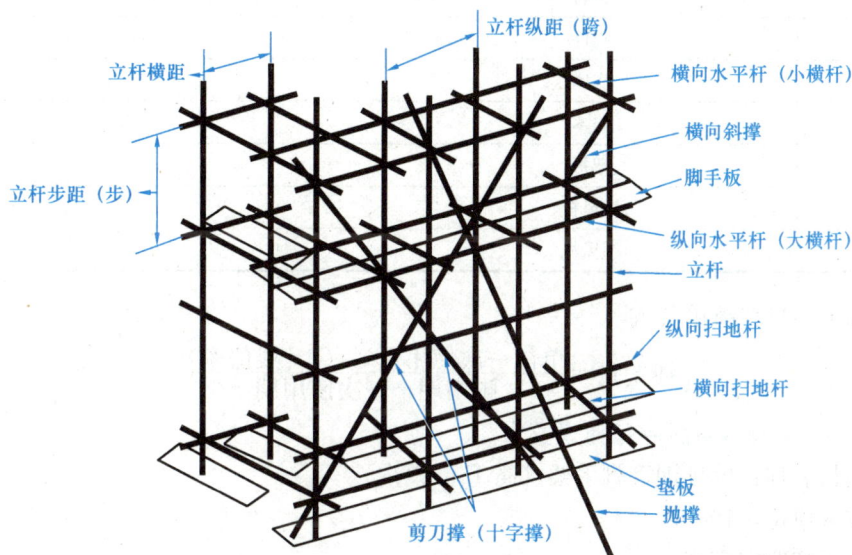

图 11-13　钢管脚手架构造示意

2. 材料损耗率（表 11-2）

材料损耗率　　　　　　　　表 11-2

序号	材料	损耗率
1	钢管	4%
2	防锈漆	3%
3	8 号铁丝	2%
4	溶剂油	4%
5	铁钉	2%
6	缆风绳	5%

3. 脚手架一次使用期确定（表 11-3）

脚手架一次使用期　　　　　　　表 11-3

序号	类型	使用期
1	依附斜道 5m 以内	2 个月
2	脚手架及斜道 15m 以内	6 个月
3	脚手架及斜道 24m 以内	7 个月
4	脚手架及斜道 30m 以内	8 个月
5	脚手架及斜道 50m 以内	12 个月

4. 脚手架柱间距、步高

钢管立杆间距 2m；步高 1.3m。

5. 外脚手架及相应平台高度取定

取定高度为檐口高度，架高＝檐口高度＋1.5m。

6. 脚手架使用残值（表 11-4）

脚手架使用残值 表 11-4

序号	材料	残值
1	钢管	10％
2	扣件	5％
3	底座	5％
4	垫木	10％
5	架板	5％
6	缆风桩	10％
7	缆风绳	10％

7. 脚手架材料摊销公式

$$摊销量 = \frac{单位一次使用量 \times （1-残值率）}{耐用期 \div 一次使用期}$$

11.1.3 单排钢管脚手架搭设要求

1. 项目名称：单排钢管脚手架（高 15m 以内）。

2. 定额单位：100m²。

3. 脚手架取定高度：13m。

4. 脚手架构造

（1）步距：1.3m；

（2）挑距：1.2m；

（3）柱距：2m；

（4）搭设要求

脚手架连墙点采用刚性连接，每 3 步跨设一点，横向水平杆入墙内 20cm；从上到下连续设 8 道剪刀撑，每隔 10m 设一副，每副跨 5 跨 8 步。

5. 采用钢管规格：$\phi48 \times 3.6$。

6. 脚手架搭设的墙面面积

$$(50+15) \times 2 \times 13 = 1690m^2$$

脚手架示意图见图 11-14。

11.1.4 钢管脚手架材料用量计算

1. 杆件计算

（1）立杆

$$根数 = 4 角 + \left[\left(\frac{50}{2}+1\right) + \left(\frac{15}{2}+1\right)\right] \times 2 = 74 根$$

$$长度 = 74 \times (13+1.5 操作层高) = 1073m$$

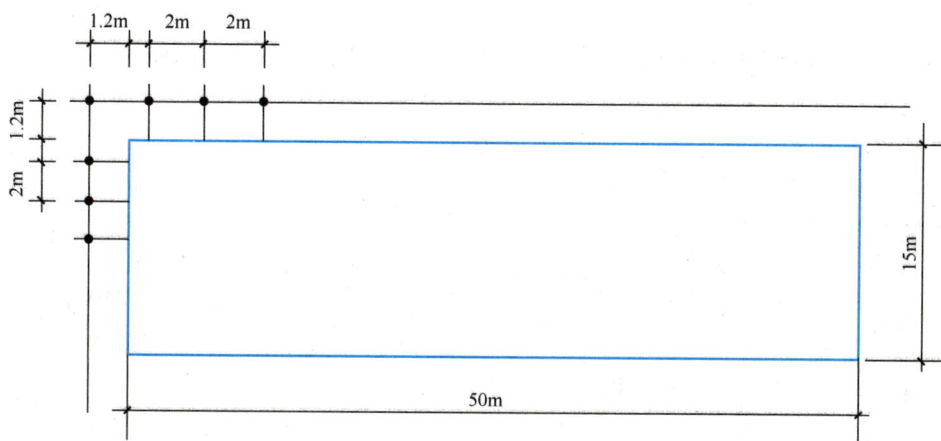

图 11-14 脚手架示意图

（2）大横杆

根数＝13÷1.3＋1（扫地杆）＝11 根

长度＝11 根×（50＋1.2×2＋0.2×2＋15＋1.2×2＋0.2×2）×2 边＝11×141.2
＝1553.2m

（3）小横杆

根数＝13÷1.3＋1（扫地杆）＝11 根

长度＝11 层×74 根×（1.2＋0.20×2）
＝11×74×1.60＝1302.4m

（4）剪刀撑

每副长＝1.3×8 步×1.4142×2 根＝29.82m

长度＝8 付×29.82m/付＝238.56m

（5）连墙点

点数＝10 步÷3 步×$\left(\dfrac{50}{2\times 3\ \text{步}}+\dfrac{15}{2\times 3\ \text{步}}\right)$×2 边＋4 角

$\qquad$＝3×（8＋3）×2＋4＝70 点

长度＝（1.60＋0.2 伸入墙＋1.5×2 固定管）×70 点

$\qquad$＝4.8×70＝336m

（6）安全栏杆

长度＝（52.8＋17.8）×2＝141.2m

钢管长度小计：1073＋1553.2＋1302.4＋238.56＋336＋141.2＝4644.36m

钢管重量：1644.36×3.84kg/m＝17834.34kg

每 100m² 墙面钢管取定重量：

$$\frac{17834.34}{1690}\times 100\text{m}^2=1055.29\text{kg}/100\text{m}^2$$

2. 扣件

（1）直角（十字）扣件

大横杆与小横杆连接＝74 根×11 层＝814 个

立杆与大横杆连接＝74 根×（11 层＋1 层安全栏杆）＝888 个

连墙点＝70 点×2 个＝140 个

直角扣件小计：814＋888＋140＝1842 个

（2）对接（一字）扣件

大横杆、栏杆：

$$\left[\left(\frac{52.8}{6}-1\right)+\left(\frac{17.8}{6}-1\right)\right]\times2\,边\times12\,层=(8+2)\times2\times12=240\,个$$

立杆：$\left(\dfrac{13+1.5}{6}-1\right)\times74$ 根

$$=1.4\times74=104\,个$$

剪刀撑：$8\,副\times2\,根/副\times\left(\dfrac{14.91}{6}-1\right)$

$$=8\times2\times1.5=24\,个$$

对接扣件小计：240＋104＋24＝368 个

（3）回转扣件

剪刀撑用：8 副×12 个/副＝96 个

（4）底座

剪刀撑：8 副×2 个/副＝16 个

立杆：74 个

底座小计：16＋74＝90 个

每 100m² 墙面连接件取定：

直角扣件：$\dfrac{1842}{1690}\times100=108.99$ 个/100m²

对接扣件：$\dfrac{368}{1690}\times100=21.78$ 个/100m²

回转扣件：$\dfrac{96}{1690}\times100=5.68$ 个/100m²

底座：$\dfrac{90}{1690}\times100=5.33$ 个/100m²

3. 架板（按满铺一层考虑）

（1）脚手板

(52.4＋15)×2 边×1.10 宽×0.05 厚＝7.414m³

（2）挡脚板

(52.4＋17.4)×2 边×0.18 高×0.05 厚＝1.256 m³

架板小计：7.414＋1.256＝8.670m³

每 100 m² 墙面架板取定值：

$$\frac{8.670}{1690}\times100=0.513m³/100m²$$

4．连墙点垫木

$$70 \text{点} \times 4 \text{块} = 280 \text{块}$$

每 100m² 墙面垫木取定值：

$$\frac{280}{1690} \times 100 = 16.57 \text{块}/100\text{m}^2$$

5．8号铁丝

脚手板：7.414÷0.045m³/块=165块

挡脚板：1.256÷0.027 m³/块=47块

8号铁丝重量：

(165×3头/块×1m/根+47×3头/块×0.80m/根)×0.0986kg/m=60kg

每 100m² 墙面8号铁丝取定值：

$$\frac{60}{1690} \times 100 = 3.55\text{kg}/100\text{m}^2$$

6．圆钉

$$\frac{(165+47) \times 8 \text{颗}}{279 \text{颗}/\text{kg}} = 6.08\text{kg}$$

每 100m² 墙面圆钉取定值：

$$\frac{6.08}{1690} \times 100 = 0.36\text{kg}$$

11.1.5　钢管脚手架上料平台材料用量计算

上料平台示意图见图 11-15。

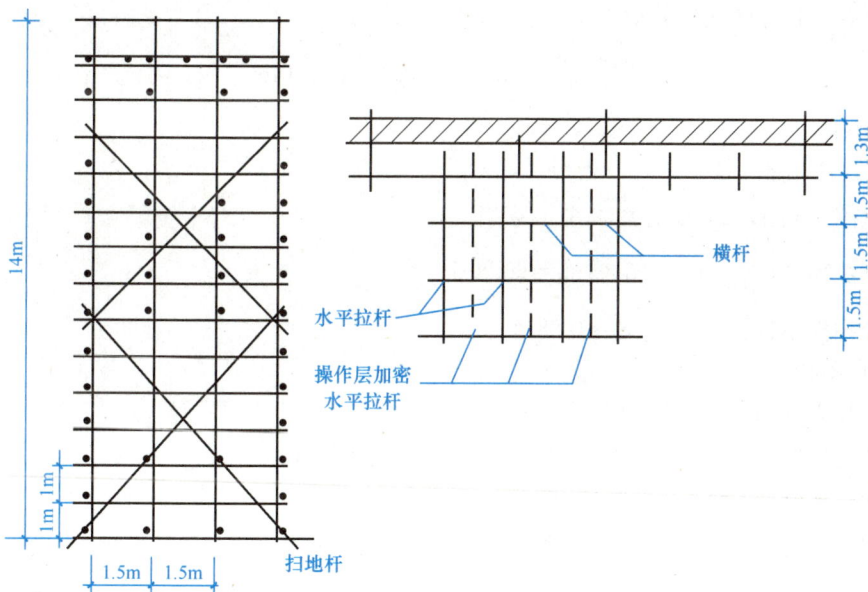

图 11-15　上料平台示意图

1．服务面积

$$70\text{m} \times 13\text{m} = 910\text{m}^2$$

2. 杆件计算

(1) 立杆

16 根×(13+1)＝224m

(2) 横杆

4 根/层×(13+1 扫地杆)×(4.5+0.2×2)/根＝274.4m

减去在地面和 13m 高处与外架相碰 2 根。

$$2×4.90＝9.80m$$

(3) 水平横杆

两边：(14×2)×4.9m/根＝28×4.9＝137.2m

中间：(8 根×2 列)×4.9m/根＝78.4m

操作层加密：3 根×4.9＝14.7m

(4) 剪刀撑

$$3 边×2 副＝6 副$$

$$长度＝6×16m/副＝96m$$

(5) 栏杆

$$3 边×4.9＝14.7m$$

钢管长度计算：

$$224+274.4-9.8+137.2+78.4+14.7+96+14.7＝829.6m$$

钢管重量：829.6×3.84kg/m²＝3185.66kg

每 100m² 服务墙面钢管取定值：

$$\frac{3185.66}{910}×100＝350.07kg/100m^2$$

3. 扣件

(1) 对接扣件

剪刀撑：6 副×2 个/副＝12 个

立杆：$16×\left(\frac{14}{6}-1\right)＝16×1.3＝20.8$ 个

对接扣件小计：12+20.8＝32.8 个

(2) 直角扣件

横杆与立杆：[4×(13+1)-2]×4 点＝216 个

拉杆与横杆：[14×2 边+8×2(中间)]×4 点＝176 个

操作层加密：3 根×4 点＝12 个

靠外墙 2 根立杆与外架大横杆连接：

$$\frac{14}{1.3}×2 根＝22 个$$

直角扣件小计：216+176+12+22＝426 个

(3) 底座

16+6(斜撑)＝22 个

（4）回转扣件

6 副×8 个/副＝48 个

每 100m² 服务墙面扣件取定量：

对接扣件：$\frac{32.8}{910}\times100=3.60$ 个/100m²

直角扣件：$\frac{426}{910}\times100=46.81$ 个/100m²

底座：$\frac{22}{910}\times100=2.42$ 个/100m²

回转扣件：$\frac{48}{910}\times100=5.27$ 个/100m²

4. 架板

$$4.9m\times4.45m\times0.05\text{厚}=1.090m^3$$

每 100m² 服务墙面架板取定量：

$$\frac{1.090}{910}\times100=0.120m^3/100m^2$$

5. 8 号铁丝

$$15\text{块}\times3\text{点}\times1m/\text{点}\times0.0986kg/m=4.44kg$$

每 100m² 服务墙面铁丝取定量：

$$\frac{4.44}{910}\times100=0.49kg/100m^2$$

6. 铁钉

$$15\times\frac{8}{279}=0.43kg$$

每 100m² 服务面积铁钉取定量：

$$\frac{0.43}{910}\times100=0.05kg/100m^2$$

7. 缆风绳（φ8 钢丝绳，两边角各设一道）

$$\text{长度}=(\sqrt{14^2+14^2}+2m)\times2\text{根}=43.60m$$

重量：43.6×0.396kg/m＝17.26kg

每 100m² 服务墙面缆风绳取定量：

$$\frac{17.26}{910}\times100=1.90kg/100m^2$$

8. 缆风桩、固定木

缆风桩：0.113m³/根×2＝0.226m³

固定木：0.0032×2＝0.0064m²

每100m²服务墙面取定量：

$$\frac{0.226+0.0064}{910}\times100=0.026\text{m}^3/100\text{m}^2$$

11.1.6 每100m²单排钢管脚手架材料摊销量计算

每100m²单排钢管脚手架材料摊销量计算见表11-5。

每100m² 单排钢管脚手架材料摊销量计算表

表 11-5

项目		一次使用量	单位	计算式	摊销量	单位	重量计算（kg）
钢管	架子	1055.29	kg	$\dfrac{(1055.29+350.07)\times(1-10\%)}{180\div6}=42.16$	42.16	kg	1405.36
	平台	350.07	kg				
直角扣件	架子	108.99	个	$\dfrac{(108.99+46.81)\times(1-5\%)}{120\div6}=7.40$	7.40	个	$155.8\times1.25=194.75$
	平台	46.81	个				
对接扣件	架子	21.78	个	$\dfrac{(21.78+3.60)\times(1-5\%)}{120\div6}=1.21$	1.21	个	$25.38\times1.5=38.07$
	平台	3.60	个				
回转扣件	架子	5.68	个	$\dfrac{(5.68+5.27)\times(1-5\%)}{120\div6}=0.52$	0.52	个	$10.95\times1.5=16.43$
	平台	5.27	个				
底座	架子	5.33	个	$\dfrac{(5.33+2.42)\times(1-5\%)}{180\div6}=0.25$	0.25	个	$7.75\times2.14=16.59$
	平台	2.42	个				
架板	架子	0.513	m³	$\dfrac{(0.513+0.120)\times(1-5\%)}{42\div6}=0.086$	0.086	m³	$0.633\times600=380$
	平台	0.120	m³				
缆风桩		0.026	m³	$\dfrac{0.026\times(1-10\%)}{42\div6}=0.003$	0.003	m³	
8号镀锌铁丝	架子	3.55	kg	$3.55+0.49=4.04$	4.04	kg	
	平台	0.49	kg				
2″圆铁	架子	0.36	kg	$0.36+0.05=0.41$	0.41	kg	
	平台	0.05	kg				
缆风绳		1.90	kg	$\dfrac{1.90\times(1-10\%)}{42\div6}=0.24$	0.24	kg	
防锈漆		1.405	t	$\dfrac{1.405\times4.904\text{kg/t}\times16\text{次}}{180\div6}=3.67$	3.67	kg	
溶剂油		1.405	t	$\dfrac{1.405\times0.552\text{kg/t}\times16\text{次}}{180\div6}=0.41$	0.41	kg	
垫木		16.57	块	$\dfrac{16.57\times(1-10\%)}{42\div6}=2.13$	2.13	块	
				合计		kg	2051.2

11.1.7　单排钢管脚手架定额项目材料及台班用量计算

每 100m² 单排钢管脚手架定额项目材料及机械台班用量计算见表 11-6。

定额项目材料及机械台班计算表　　　　表 11-6

章名称：**脚手架**　节名称：**单排**　项目名称：**钢管制**　子目名称：**15m 以内**　定额单位：**100m²**

计算依据或说明	依据《中华人民共和国行业标准：扣件式钢管脚手架应用与安全技术规程编制》										
	名称	规格	单位	计算量	损耗率	使用量	备注	名称及规格	单位	单价(元)	数量	金额(元)
材料	钢管	φ48	kg	42.16	4%	43.92		其他材料费				
	直角扣件		个	7.40								
	对接扣件		个	1.21								
	回转扣件		个	0.52								
	木脚手板		m³	0.086								
	底座		个	0.25								
	铁丝	8号	kg	4.04	2%	4.12						
	铁钉		kg	0.41	2%	0.42						
	缆风绳		kg	0.24	5%	0.25						
	防锈漆		kg	3.67	3%	3.78						
	溶剂油		kg	0.41	4%	0.43						
	垫木		块	2.13								
	缆风桩	木制	m³	0.003				合计				

	施工操作			机械		机械定额		2÷7	计算系数	机械使用量	依据
	工序	数量	单位	名称	规格	编号	台班产量				
	1	2	3	4	5	6	7	8	9	10=8×9	11
机械台班	钢管运输	2.051	t	载重汽车	6t		12.6	0.163	1	0.163	

11.2　钢管脚手架企业定额项目编制实训

11.2.1　单排钢管脚手架企业定额编制依据

1. 脚手架材料使用寿命(表 11-7)

脚手架材料使用寿命　　　　　　　　　　　　　表 11-7

序号	材料	寿命
1	钢管(φ48×3.6)	180 个月
2	扣件	120 个月
3	底座	180 个月
4	安全网	1 次
5	架板	42 个月
6	缆风绳	42 个月
7	缆风桩	42 个月
8	防锈漆	180 个月
9	溶剂油	180 个月

2. 材料损耗率(表 11-8)

材料损耗率　　　　　　　　　　　　　表 11-8

序号	材料	损耗率
1	钢管	3%
2	防锈漆	2%
3	8 号铁丝	2%
4	溶剂油	3%
5	铁钉	2%
6	缆风绳	4%

3. 脚手架一次使用期确定(表 11-9)

脚手架一次使用期　　　　　　　　　　　　　表 11-9

序号	类型	使用期
1	依附斜道 5m 以内	2 个月
2	脚手架及斜道 15m 以内	6 个月
3	脚手架及斜道 24m 以内	7 个月
4	脚手架及斜道 30m 以内	8 个月
5	脚手架及斜道 50m 以内	12 个月

4. 脚手架柱间距、步高

钢管立杆间距 2m；步高 1.3m。

5. 外脚手架及相应平台高度取定

取定高度为檐口高度；架高＝檐口高度＋1.5m。

6. 脚手架使用残值(表 11-10)

脚手架使用残值　　　　　　　　　　　　　　　　　表 11-10

序号	材料	残值
1	钢管	11％
2	扣件	6％
3	底座	6％
4	垫木	11％
5	架板	5％
6	缆风桩	10％
7	缆风绳	10％

7. 脚手架材料摊销公式

$$摊销量 = \frac{单位一次使用量 \times (1-残值率)}{耐用期 \div 一次使用期}$$

11.2.2　单排钢管脚手架搭设要求

1. 项目名称：单排钢管脚手架（高 13m 以内）。

2. 定额单位：100m²。

3. 脚手架取定高度：12m。

4. 脚手架构造

（1）步距：1.3m；

（2）挑距：1.2m；

（3）柱距：2m；

（4）搭设要求

脚手架连墙点采用刚性连接，每 3 步跨设一点，横向水平杆入墙内 20cm；从上到下连续设 8 道剪刀撑，每隔 10m 设一副，每副跨 5 跨 8 步。

5. 采用钢管规格：$\phi 48 \times 3.6$。

6. 脚手架搭设的墙面面积

$$(35+18) \times 2 \times 12 = 1272 m^2$$

建筑物平面外围（图 11-6）搭设脚手架。

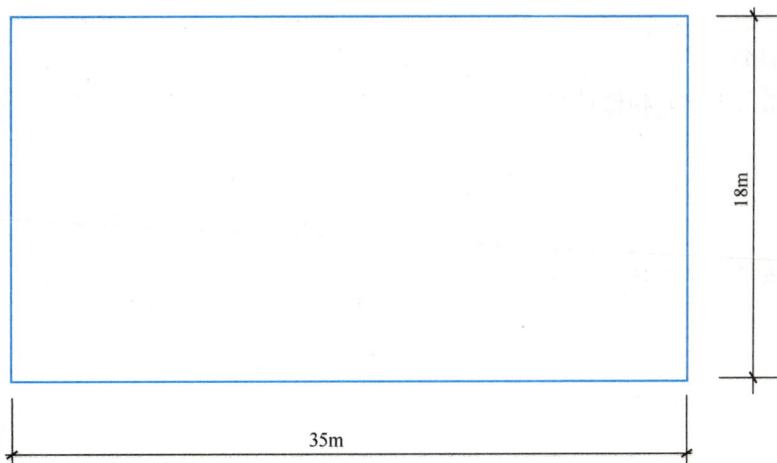

图 11-16　建筑物平面外围示意图

11.2.3　钢管脚手架材料用量计算

1. 不计算脚手架上料平台材料用量

2. 杆件计算

（1）立杆计算

（2）大横杆计算

（3）小横杆计算

（4）剪刀撑计算

（5）连墙点计算

（6）安全栏杆计算

3. 扣件计算

（1）直角（十字）扣件计算

（2）对接（一字）扣件计算

（3）回转扣件计算

（4）底座计算

4. 架板（按满铺一层考虑）计算
（1）脚手板

（2）挡脚板

5. 连墙点垫木计算

6. 8号铁丝计算

7. 圆钉计算

11.2.4 每 100m² 单排钢管脚手架材料摊销量计算

解：

11.2.5　单排钢管脚手架定额项目材料及台班用量计算

说明：计算过程的计算式和采用的表格，参照教材中计算实例的格式和表格。

解：

11.3 砖基础企业定额项目编制实例

11.3.1 企业定额项目编制计算依据

1. 项目名称：水泥砂浆砌砖基础

2. 砖基础类型比例及标准砖净用量

等高式砖基础 60% 每 m³ 砌体标准砖净用量 522.85 块

不等高式砖基础 40% 每 m³ 砌体标准砖净用量 523.15 块

3. 增加用工

砖基础埋深超过 1.5m 应增加用工 0.06 工日/10m³

4. 砖基础墙厚比例

1 砖厚基础墙：50%

1.5 砖厚基础墙：20%

2 砖厚基础墙：20%

2×2.5 砖柱基：10%

5. 材料超运距

柱准砖 100m

砂 浆 100m

6. 材料损耗率

标准砖 0.5%

砂 浆 1.5%

11.3.2 砖基础人工消耗量计算

砖基础人工消耗量计算见表 11-11。

企业定额项目用工量计算表　　　　　表 11-11

章名称：砖石　节名称：砌砖　项目名称：基础　子目名称：砖基础　　　　单位：10m³

工程内容	清理地槽、坑、递砖、调制砂浆。砌砖基础、砖垛，半成品水平运输等						
操作方法质量要求	砖砌体水平灰缝和垂直灰缝以 10mm 为准，水平灰缝饱满度应不低于 80%，竖缝错开，不应有通缝						
	施工操作工序及工程量			人工定额			工日数
	名称	数量	单位	定额编号	工种	时间定额	
	①	②	③	④	⑤	⑥	⑦=②×⑥
用工量计算	砖基础 1 砖厚	5	m³	§5-1-1（一）	砖工	0.98	4.90
	砖基础 1.5 砖厚	2	m³	§5-1-2（一）	砖工	0.95	1.90
	砖基础 2 砖厚	2	m³	§5-1-3（一）	砖工	0.924	1.85
	2×2.5 砖基础	1	m³	§5-1-21（二）	砖工	1.57	1.57
	埋深超过 1.5m 加工	10	m³	附注	砖工	0.006	0.06
	超运距加工						
	标准砖 100m	10	m³		普工	0.16	1.60
	砂浆 100m	10	m³		普工	0.012	0.12
	小计						12.00

11.3.3 砖基础材料消耗量计算

砖基础材料消耗量计算见表 11-12。

定额项目材料用量计算　　　　　　　　　　　　　　表 11-12

章名称：砖石　节名称：砌砖　项目名称：<u>基础</u>　子目名称：<u>砖基础</u>　　定额单位：<u>10m³</u>

计算过程	1. 计算依据 (1) 采用理论公式计算材料净用量 (2) 根据现场测定资料取定材料损耗率 2. 根据等高式砖基础测定资料确定增加或减少体积百分比 (1) 附墙柱放脚宽应增加 0.2575% (2) T 形接头放脚重复部分应减 0.785% 增减相抵后的百分比＝0.2575%－0.785%＝－0.5275% 3. 计算标砖的定额净用量 标砖净用量＝522.85×（1－0.005275）×60%＋523.15×40%＝521.3 块/m³ 4. 计算砂浆的定额净用量 通过计算，每 m³ 砖基础砂浆净用量为 0.235m³ 砂浆净用量＝0.235×〔（1－0.05275）×60%＋40%〕 　　　　　＝0.228m³/m³

	名称	规格	单位	净用量	损耗率	定额消耗量	备注
材料用量	标准砖		千块	5.213	0.5%	5.239	
	砂浆		m³	2.28	1.5%	2.376	
	水		m³			1.05	

11.4　砖基础企业定额项目编制实训

11.4.1 砖基础企业定额项目编制依据

1. 项目名称：M7.5 水泥砂浆砌砖基础。

2. 砖基础类型比例及标砖净用量

等高式砖基础　　55%　每 m³ 砌体标砖净用量 522.82 块

不等高式砖基础　45%　每 m³ 砌体标砖净用量 523.17 块

3. 增加用工

砖基础埋超过 1.5m 应增加用工 0.06 工日/10m³。

4. 砖基础墙厚比例

1 砖厚基础墙：30%

1.5 砖厚基础墙：30%

2 砖厚基础墙：30%

2×2.5 砖柱基：10%

5. 材料超运距

柱准砖　100m

砂　浆　100m

6. 材料损耗率

标准砖　1.0%

砂　浆　1.8%

11.4.2　砖基础人工消耗量计算

根据上述有关依据和表 11-13 中数据，计算砖基础企业定额人工消耗量，并将计算结果填入表 11-13。

企业定额项目用工量计算表　　表 11-13

章名称：砖石　节名称：砌砖　项目名称：基础　字母名称：砖基础　单位：10m³

工程内容	清理地槽、坑，递砖、调制砂浆。砌砖基础、砖垛，半成品水平运输等					
操作方法质量要求	砖砌体水平灰缝与垂直灰缝以 10mm 为准，水平灰缝饱满度不低于 80%，竖缝错开，不应有通缝					

	操作工序及工程量			人工定额			工日数
用工量计算	名称	数量	单位	定额编号	工种	时间定额	
	①	②	③	④	⑤	⑥	⑦＝②×⑥
	砖基础 1 砖厚		m³	§5-1-1（一）	砖工	0.98	
	砖基础 1.5 砖厚		m³	§5-1-2（一）	砖工	0.95	
	砖基础 2 砖厚		m³	§5-1-3（一）	砖工	0.924	
	2×2.5 柱基		m³	§5-1-21（二）	砖工	1.57	
	埋深 1.5m 以上	10	m³	附注	砖工	0.006	
	超运距加工						
	标准砖	10	m³		普工	0.16	
	砂浆	10	m³		普工	0.012	
	小计						

11.4.3　砖基础材料消耗量计算

按照有关依据和表 11-14 中数据，计算砖基础企业定额项目材料消耗量，并将计算结果填入表 11-14。

表 11-14

企业定额项目材料用量计算表

章名称：砖石　节名称：砌砖　项目名称：基础　字母名称：砖基础　单位：10m³

| 计算过程 | 1. 计算依据
（1）采用理论公式计算材料净用量
（2）根据现场测定资料确定材料损耗率
2. 根据等高式放脚砖基础测定资料确定的增加或减少体积百分比为
（1）附墙柱放脚宽应增加 0.2876％
（2）T 形接头放脚重复部分应减少 0.664％
　　增减相抵后的百分百＝
3. 计算标准砖定额净用量
标准砖净用量＝
4. 计算砂浆的定额净用量
通过计算，每立方米砂浆净用量为　　　m³
砂浆净用量＝ | | | | | |

材料用量	名称	规格	单位	净用量	损耗率	定额消耗量	备注
	标准砖						
	砂浆						
	水		m³			1.05	

11.5　砖墙面抹灰企业定额项目计算实例

11.5.1　砖墙面抹灰企业定额项目计算依据

1. 项目名称：石灰砂浆抹砖墙面。

2. 项目要求：石灰砂浆抹三遍 18mm 厚，纸筋灰浆一遍 2mm 厚。

3. 增加用

（1）纸筋灰浆面加工；

（2）水泥砂浆护角线加工；

（3）超运距加工；

（4）淋石灰膏加工。

4. 材料损耗率及压实系数（表 11-15）

材料损耗率及压实系数　　　　　　　　　　　　表 11-15

	石灰砂浆	水泥砂浆	纸筋灰浆
损耗率	1％	2％	1％
压实系数	9％	9％	5％

5. 增加工程量

根据测算每 100m² 抹灰面，增加门窗洞口侧面面积 4m²，即 4％。

护角线砂浆按石灰砂浆抹灰面的 1.56％计算。

11.5.2 石灰砂浆抹砖墙面人工消耗量计算

石灰砂浆抹砖墙面人工消耗量计算见表 11-16。

表 11-16

定额项目用工量计算表

章名称：<u>装饰</u>　节名称：<u>墙面、墙裙抹灰</u>

项目名称：<u>砖墙面</u>　子目名称：<u>石灰砂浆三遍</u>　定额单位：100m²

工程内容	1. 清理、修补、湿润基层表面，堵墙眼，调运砂浆，清理落地尘 2. 分层抹灰找平、制浆、洒水湿润、罩面压光，门窗洞口侧壁抹灰，护角线抹灰						
操作方法 质量要求	1. 一般工具，手工操作抹灰，人工或机械调制砂浆，人工运料 2. 表面光滑、清洁、接槎平整						

	施工操作工序及工程			人工定额			工日数
用工量计算	名称	数量	单位	定额编号	工种	时间定额	
	抹灰综合用工	100	m²	§5-1-1（一）	抹灰	0.0978	9.78
	纸筋灰面增加用工	9.78	工日	注2	抹灰	0.20	1.956
	墙垛阳角增加用工	8	m	说明五-2	抹灰	0.02	0.16
	护角线增加用工	15.6	m	说明五-4	抹灰	0.013	0.203
	超运距用工						
	砂浆100m	100	m²	§5-8-25	普工	0.0083	0.83
	砂子50m	2.542	m²	§5-8-255、256	普工	0.086	0.219
	淋石灰膏用工	0.974	m²	§1-4-95	普工	0.50	0.487
	小计						13.635

11.5.3 石灰砂浆抹砖墙面材料消耗量计算

1. 石灰砂浆

石灰砂浆净用量＝抹灰面×厚＋门窗洞口侧壁砂浆－护角线砂浆

$$=100×0.018+100×0.018×4\%-100×0.018×1.56\%$$

$$=1.844m^3$$

$$\frac{石灰砂浆}{定额用量} = \frac{1.844}{1-1\% - 9\%} = \frac{1.844}{0.9} = 2.049\text{m}^3/100\text{m}^2$$

2. 护角线水泥砂浆

护角线水泥砂浆净用量＝$100 \times 0.018 \times 1.56\% = 0.028\text{m}^3$

$$\frac{水泥砂浆}{定额用量} = \frac{0.028}{1-2\% - 9\%} = \frac{0.028}{0.89} = 0.0315\text{m}^3/100\text{m}^2$$

3. 纸筋灰浆（加 6%纸筋）

纸筋灰浆净用量＝$100 \times 0.002 \times (1+4\%) = 0.208\text{m}^3$

$$纸筋灰浆定额用量 = \frac{0.028}{1-1\% - 5\%} = \frac{0.028}{0.94} = 0.221\text{m}^3/100\text{m}^2$$

4. 施工用水

湿润墙面用水：$0.40\text{m}^3/100\text{m}^2$

搅拌机冲洗用水，按每个台班 1m^3 用水计算：

$$\frac{2.049+0.0315+0.221}{台班产量} \times 1\text{m}^3 = \frac{2.3015}{6} \times 1 = 0.384\text{m}^3/100\text{m}^2$$

施工用水小计 $0.40+0.384 = 0.784\text{m}^3/100\text{m}^2$

11.6　砖墙面抹灰企业定额项目编制实训

11.6.1　砖墙面抹石灰砂浆企业定额项目编制计算依据

1. 项目名称：石灰砂浆抹砖墙面。

2. 项目要求：石灰砂浆抹三遍 17mm 厚，纸筋灰浆一遍 2.1mm 厚。

3. 增加用工

（1）纸筋灰浆面加工；

（2）水泥砂浆护角线加工；

（3）超运距加工；

（4）淋石灰膏加工。

4. 材料损耗率及压实系数（表 11-17）

材料损耗率及压实系数　　　　　　　　　　　　　　　　　　　　表 11-17

	石灰砂浆	水泥砂浆	纸筋灰浆
损耗率	1.2%	2.1%	1.1%
压实系数	9%	9%	5%

5. 增加工程量

根据测算每 100m^2 抹灰面，增加门窗洞口侧面面积 4m^2，即 4%。

护角线砂浆按石灰砂浆抹灰面的 1.56%计算。

11.6.2　石灰砂浆抹砖墙面人工消耗量计算

根据上述有关依据和表 11-18 中数据，计算石灰砂浆抹砖墙企业定额人工消耗量，见表 11-18。

企业定额项目用工量计算表　　　　表 11-18

章名称：装饰　节名称：墙面抹灰　项目名称：砖墙面　子目名称：石灰砂浆　单位：100m²

工程内容	1. 清理、修补、湿润基层表面，堵墙眼，制运砂浆，清理落地灰 2. 分层抹灰找平、制浆、洒水　湿润。罩面压光，门窗洞口侧壁抹灰，护角抹灰					
操作方法 质量要求	1. 一般工具，手工操作抹灰，人工或机械调制砂浆，人工运料 2. 表面光滑、清洁、接槎平整					

	操作工序及工程量			人工定额		
	名称	数量	单位	定额编号	工种	时间定额	
	①	②	③	④	⑤	⑥	⑦＝②×⑥
用工量 计算	抹灰综合用工		m³	§5-1-1（一）	抹灰	0.978	
	纸筋灰加工		工日	§注2	抹灰	0.20	
	墙垛阳角加工		工日	说明5-2	抹灰	0.02	
	护角线加工		m	说明5-4	抹灰	0.013	
	超运距加工						
	砂浆100m		m²	§5-8-25	普工	0.0083	
	砂子50m		m²	§5-8-255、256	普工	0.086	
	淋石灰膏加工		m³	§1-4-95	普工	0.50	
	小计						

11.6.3 石灰砂浆抹砖墙面材料消耗量计算

1. 石灰砂浆用量计算

（1）石灰砂浆净用量＝抹灰面×厚＋门窗洞口侧壁砂浆＋护角线砂浆

（2）石灰砂浆定额用量＝

2. 护角线水泥砂浆用量计算

（1）护角线水泥砂浆净用量＝

（2）护角线水泥砂浆定额用量＝

3. 纸筋灰浆（加 6％纸筋）计算

（1）纸筋灰浆净用量＝

（2）纸筋灰浆定额用量＝

4. 施工用水量计算

湿润墙面用水：$0.40\text{m}^3/100\text{m}^2$

搅拌机冲洗用水，按每个台班 1m^3 用水计算：

$$\frac{2.049+0.0315+0.221}{台班产量}\times 1\text{m}^3=\frac{2.3015}{6}\times 1=0.384\text{m}^3/100\text{m}^2$$

施工用水小计　$0.40+0.384=0.784\text{m}^3/100\text{m}^2$

11.7　铝合金门窗制安定额项目计算实例

11.7.1　计算方法

铝合金门窗制作，安装材料用量计算，分别按铝合金型材、玻璃、玻璃密封条、玻璃胶、软填料、密封油膏、地脚、膨胀螺栓、螺钉、拉杆螺栓、胶纸等消耗量计算。

1. 铝合金型材用量计算

（1）计算面积系数

$$面积系数 = \frac{框外围面积}{洞口面积}$$

（2）计算框料重量

$$框料重量 = 框料长 \times 每米重（kg/m）$$

（3）计算扇料重量

$$扇料重量 = 扇料长 \times 每米重（kg/m）$$

（4）计算压线条重量

$$压线条重量 = 压线条长 \times 每米重（kg/m）$$

（5）计算铝合金型材定额消耗量

$$定额消耗量 = \frac{型材总重量}{框外围面积} \div （1-损耗率） \times 面积系数$$

2. 玻璃用量计算

按洞口面积 $100m^2$ 作为玻璃用量，列入定额。

3. 密封条用量计算

$$每100m^2 洞口的密封条用量 = \frac{图示尺寸总长}{洞口面积}$$

4. 玻璃胶用量

$$玻璃胶用量 = \frac{图示总长}{洞口面积} \times 100m^2$$

（注：一支 310 克的玻璃胶可双面挤胶 7m 长）

5. 地脚用量计算

按镀锌成品件个数计算后乘以面积系数。

6. 膨胀螺栓计算

$$膨胀螺栓 = 地脚数量 \times 2$$

7. 软填料用量计算

按沥青玻璃棉毡条计算，表观密度 $85kg/m^3$，38 系列填料断面为 $0.025m \times 0.09m$，损耗系数 1.03。

$$每100m^2 洞口填料用量 = \frac{填料断面 \times 填料表现密度 \times 洞口周长 \times 损耗系数}{洞口面积} \times 100$$

8. 密封油膏用量计算

密封油膏表观密度 $1350kg/m^3$，密封断面按 $8mm \times 8mm$ 计算，双面密封，损耗系数 1.03。

$$每100m^2 洞口密封油膏用量 = \frac{密封断面 \times 2 \times 洞口周长 \times 密封油膏表现密度 \times 损耗系数}{洞口面积} \times 100$$

11.7.2　铝合金窗制作安装定额项目材料用量计算实例

1. 项目名称：带亮四扇推拉窗。

2. 推拉窗尺寸及示意图

推拉窗尺寸及示意图见 11-17。

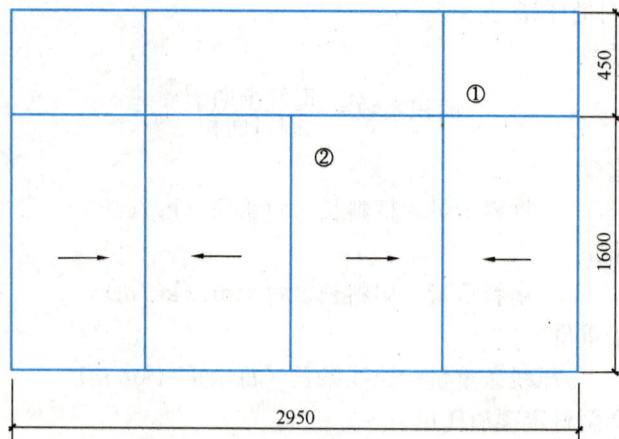

图 11-17　带亮四扇推拉窗示意图

3. 铝合金型材用量计算

（1）面积系数 $= \dfrac{2.95 \times 2.05}{3.0 \times 2.1} = \dfrac{6.0475}{6.30} = 0.9599$

（2）框料计算

上框：1.5厚　　　0.8825kg/m

　　　　　　　　　　　　$2.95 \times 0.8825 = 2.60$kg

中框：1.5厚　　　1.643kg/m

　　　　　　　　　　　　$2.95 \times 1.643 = 4.85$kg

下框：1.5厚　　　0.936kg/m

　　　　　　　　　　　　$2.95 \times 0.963 = 2.84$kg

边框：1.5厚　　　0.789kg/m

　　　　　　　　　　　　$2.05 \times 2 \times 0.789 = 3.23$kg

中框：①号中框　1.5厚　　1.241kg/m

　　　　　　　　$0.45 \times 2 \times 1.241 = 1.12$kg

　　　　②号中框　1.5厚　　　0.738kg/m

　　　　　　　　　　$1.60 \times 0.738 = 1.18$kg

框料重量小计：15.82kg

（3）扇料计算

边梃：1.6厚　　　0.926kg/m

　　　　　　　$(1.60-0.03) \times 4$ 根 $\times 0.926 = 5.82$kg

中梃：1.6厚　　　1.007kg/m

　　　　　　　$(1.60-0.03) \times 4$ 根 $\times 1.007 = 6.32$kg

上梃：1.5厚　　　0.723kg/m

　　　　　　　$(2.95-0.02) \times 0.723 = 2.12$kg

下梃：1.5厚　　　0.985kg/m

　　　　　　　$(2.95-0.02) \times 0.985 = 2.89$kg

扇料重量小计：17.15kg

（4）压条用量计算

压条：1.0厚　　0.113kg/m

$$[(2.95-0.02)\times2+(0.45-0.02)\times6]\times0.113$$

$$=(5.86+2.58)\times0.113$$

$$=0.954kg$$

（5）铝合金型材用量小计

$$15.82+17.15+0.954=33.92kg$$

（6）铝合金型材定额用量计算

$$定额用量=\frac{33.92}{2.95\times2.05}\div(1-7\%)\times0.9599\times100$$

$$=5.609\div(1-7\%)\times0.9599\times100$$

$$=578.93kg/100m^2$$

11.7.3　铝合金门窗企业定额项目编制实训

1. 铝合金推拉窗尺寸

带亮子两扇推拉铝合金窗尺寸见图 11-18。窗洞口尺寸为 1100mm×1300mm。

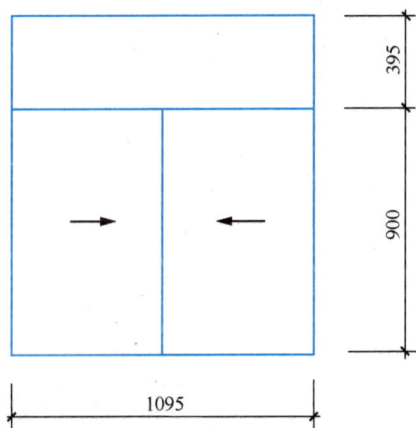

图 11-18　带亮子两扇推拉铝合金窗示意图

2. 计算方法

计算方法见 11.7.1 节内容所述。

3. 铝合金型材用量计算

(1)面积系数=

(2)框料计算

上框：1.5 厚　0.8825kg/m

解：

中框：1.5 厚　1.643kg/m

解：

下框：1.5 厚　0.936kg/m

解：

边框：1.5 厚　0.789kg/m

解：

框料重量小计：

(3)扇料计算

边梃：1.6 厚　　0.926kg/m

解：

中梃：1.6 厚   1.007kg/m
解：

上梃：1.5 厚   0.723kg/m
解：

下梃：1.5 厚   0.985kg/m
解：

扇料重量小计：

(4)压条用量计算
压条：1.0 厚   0.113kg/m
解：

(5)铝合金型材用量小计
解：

（6）铝合金型材定额用量计算

铝合金两扇推拉窗定额材料用量＝

11.8 提 升 与 导 学

11.8.1 提升

1. 动手完成实训要求的工作任务是掌握企业定额编制技能的必经之路

能领会本课程的内容，并不代表真正掌握了基本方法与技能。动手完成实训要求的工作任务是掌握企业定额编制技能的必经之路。这是掌握技能的客观规律，这是心理学、教育学关于人类如何学习的基本理论，没有其他捷径可以走。所以，请学员一定要高度重视实训环节，必须按要求从头到尾认真完成。

2. "会者不难难者不会"是技能掌握的永恒真理

只要有认真的态度，在掌握知识与方法后，按照老师布置的实训内容，循序渐进一步一步完成，真正掌握企业定额编制技能并不是一件困难的事情。

实训过程也是对理论和方法的检验过程，是体现将知识与方法牢固地融入个人能力体系的必由之路。只有通过个人劳作而重新梳理的认知，才能有效地融入自己的知识体系，进而在运用知识与方法的过程中提升自己的工作能力，这时就能真正达到"会者不难"的境界。

11.8.2 导学

1. "照葫芦画瓢"是掌握实训技能的基本层面

每一个初学者，不是天生就会做事，都是在"战争中学习战争"即"实训中学习实训"。因此，实训的第一个层面就是，根据教材上的示例，模仿着一步一步地完成，将一个个零散的知识点、技能点串联起来解决问题后，一定会取得很好的收获。将头脑里的知识点重新排列组合解决当前的问题，这就是能力的体现。所以第一层面的实训非常重要。

2. "举一反三"是掌握实训技能的提升层面

首先，实训中的内容不会与教材例题的内容完全相同；其次，实训中解决问题的方法也不能从例题中全部找到；然后，实训中计算用的表格、公式和参数等也不会面面俱到全部提供，每次完成的实训内容总会要发生一些变化，这就需要学员去动脑子，怎么拿主意解决不同内容的问题；怎么找方法解决实训中的问题；然后怎么检索公式、参数和设计好表格，完善实训中需要的计算依据、计算方法和参数等，这就需要在实训中不断学习，培养"举一反三"的能力。

"举一反三"是创新能力的基石，是技能型人才的必备素质。

实 训 项 目

1. 单排钢管脚手架企业定额项目编制实训。

2. 砖基础企业定额项目编制实训。

3. 砖墙面抹灰企业定额项目编制实训。

参 考 文 献

［1］ 中华人民共和国住房和城乡建设部. 建设工程工程量清单计价规范 GB 50500—2013［S］. 北京：中国计划出版社，2013.

［2］ 中华人民共和国住房和城乡建设部. 房屋建筑与装饰工程工程量计算规范 GB 50854—2013［S］. 北京：中国计划出版社，2013.

［3］ 袁建新. 企业定额编制原理与实务［M］. 北京：中国建筑工业出版社，2003.